내 삶에 지혜와 용기를 주는

365일 라틴어 필사노트

+그리스·로마 신화 등장인물 사전

기획집단 MOIM

태학사

머리말

인류 문명은 메소포타미아 문명을 비롯해 이집트 문명, 인더스 문명, 황하 문명으로부터 출발한다는 사실을 모르는 분은 거의 없습니다. 반면에 서양 문명은 그리스·로마 신화로부터 출발했다고 해도 지나친 말이 아닙니다. 서양 역사서를 보건 문학 작품을 보건 그리스·로마 신화와 거기에 등장하는 다양한 인물과 표현이 빠지는 경우는 별로 없습니다. 게다가 서양, 조금 좁힌다면 유럽을 빼고 오늘날 세계를 이해하기는 쉽지 않습니다. 그런 까닭에 그리스·로마 신화는 지금도 우리 머릿속에서 살아 숨쉬고 있습니다.

그 가운데서도 라틴어는 현대 문명을 이해하는 데 빼놓을 수 없는 요소입니다. 로마 제국에서 사용하던 라틴어는 기독교 문명과 접목하면서 중세를 지나 근대, 나아가 현대에 이르기까지 그 영향력을 잃지 않고 있습니다. 그 결과 로마 제국의 역사와 라틴어의 구조를 잘 모르는 분들도 "카르페 디엠(Carpe diem, 오늘을 즐기라.)"이나 "메멘토 모리!(Memento mori!, 죽음을 기억하라!)", "베리타스 룩스 메아(Veritas lux mea, 진리는 나의 빛)" 같은 라틴어 경구(警句)를 들어 본 기억을 가지고 있습니다.

그러나 알고 보면 라틴어에는 훨씬 많은 값진 가르침이 담겨 있습니다. 라틴어를 사용하던 로마인들은 전 세계 절반 가까이를 지배하며 다양한 사람과 환경, 체제와 삶을 만나며 그때그때 필요한 교훈을 배웠기 때문입니다. 21세기를 살아가는 우리가 2천 년 전

로마인들이 사용하던 라틴어 문장에 관심을 기울이는 이유이기도 합니다. 우리 역시 다양한 라틴어 경구를 통해 오늘을 현명하고 행복하게 살아갈 가르침을 배울 수 있습니다.

"Non qui parum habet, sed qui plus cupit pauper est.(조금 가진 사람이 가난한 것이 아니라, 더 많이 탐하는 사람이 가난한 것이다.)"는 우리의 탐욕을 일깨우는 데 그 어떤 표현보다 적절합니다. 또 "Pax vel injusta utilior est quam justissimum bellum.(아무리 불의한 평화일지언정 가장 정의로운 전쟁보다 낫다.)"는, 하루가 멀다 하고 지구상에서 전쟁을 일으키는 폭력에 저항하는 가장 강한 문장입니다.

그 외에도 하루를 살아가는 데 지혜와 용기를 주는 아름다운 말이 이 책에는 가득합니다. 365일, 단 하루도 빼놓지 않고 독자 여러분께서 충실하고 가치 있는 삶을 사는 데 이 문장들이 벗이 되기를 간절히 바랍니다.

참고로 책에는 좋은 문장을 여러 번 쓰면서 기억할 수 있도록 필사 노트와 함께 그리스·로마 신화에 등장하는 인물들을 일목요연하게 요약, 수록하였습니다.

엮은이 일동

차례

머리말 · 004

365일
라틴어
필사
·
008

찾아보기 · 373

001

Totum in eo est, ut tibi imperes.

토툼 인 에오 에스트, 우트 티비 임페레스.

모든 것은 결국 너 자신을 다스리는 데 달려 있다.

Totum in eo est, ut tibi imperes.

토툼 인 에오 에스트, 우트 티비 임페레스.

✱ **프로메테우스 Prometheus**

그리스 신화에 나오는 티탄족의 영웅. 인간에게 불을 훔쳐다 주어 인간에게는 문화를 준 은인이 되었으나, 그로 인하여 제우스의 노여움을 사 코카서스의 바위에 묶여 독수리에게 간을 쪼이는 고통을 받았다고 한다.

002

Abores serit diligens agricola,
quarum adspiciet baccam ipse numquam.

**아보레스 세리트 딜리겐스 아그리콜라,
콰룸 아드스피키에트 박캄 입세 눔쾀.**

성실한 농부는, 자신은 결코 수확하지 못할 나무를 심는다.

(자신은 혜택을 보지 못하더라도 후손을 위해 씨앗을 뿌린다.)

Abores serit diligens agricola,
quarum adspiciet baccam ipse numquam.

**아보레스 세리트 딜리겐스 아그리콜라,
콰룸 아드스피키에트 박캄 입세 눔쾀.**

003

Ne pennas nido majores extende.

네 펜나스 니도 마요레스 엑스텐데.

날개를 둥지보다 넓게 펼치지 말라.

(분수에 넘치는 짓을 하지 말라.)

Ne pennas nido majores extende.

네 펜나스 니도 마요레스 엑스텐데.

✖ **판도라 Pandora**
그리스 신화에 나오는 인류 최초의 여성. 제우스가, 프로메테우스가 천상(天上)의 불을 훔쳐 인간에게 준 데 노하여, 인간을 벌하기 위하여 헤파이스토스를 시켜 흙으로 판도라를 빚어 만들고 온갖 불행을 담은 상자를 주어 인간 세상에 전하게 하였다고 한다.

004

Non qui parum habet, sed qui plus cupit pauper est.

논 퀴 파룸 하베트,
세드 퀴 플루스 쿠피트 파우페르 에스트.

조금 가진 사람이 가난한 것이 아니라, 더 많이 탐하는 사람이 가난한 것이다.

Non qui parum habet,
sed qui plus cupit pauper est.

논 퀴 파룸 하베트,
세드 퀴 플루스 쿠피트 파우페르 에스트.

Omnem crede diem tibi diluxisse supremum.

옴넴 크레데 디엠 티비 딜룩시세 수프레뭄.

늘 너의 마지막 날이 밝았다고 여기라.

Omnem crede diem tibi diluxisse supremum.

옴넴 크레데 디엠 티비 딜룩시세 수프레뭄.

✖ 헤파이스토스 Hephaestos
그리스 신화에 나오는 불과 대장간의 신. 올림포스 12신의 하나로, 미(美)의 여신인 아프로디테의 남편이다. 로마 신화의 불카누스에 해당한다.

006 Pax vel injusta utilior est quam justissimum bellum.

팍스 벨 인유스타 우틸리오르 에스트 쾀 유스티시뭄
벨룸.

아무리 불의한 평화일지언정 가장 정의로운 전쟁보다 낫다.

Pax vel injusta utilior est quam justissimum bellum.

팍스 벨 인유스타 우틸리오르 에스트 쾀 유스티시뭄
벨룸.

007

Pecunia avarum irritat, non satiat.

페쿠니아 아바룸 이리타트, 논 사티아트.

돈은 탐욕스러운 자를 자극할 뿐, 만족시키지는 못한다.

(탐욕은 채워지기보다 더 큰 탐욕을 부추길 뿐이다.)

Pecunia avarum irritat, non satiat.

페쿠니아 아바룸 이리타트, 논 사티아트.

✖ 우라노스 Ouranos

그리스 신화에 나오는 하늘의 신. 가이아의 아들이자 티탄의 아버지로, 아들 크로노스에게 지배권을 빼앗겼다.

008

Plus dolet quam necesse est,
qui ante dolet quam necesse est.

**플루스 돌레트 쾀 네케세 에스트,
퀴 안테 돌레트 쾀 네케세 에스트.**

필요 이상으로 미리 슬퍼하는 이는, 필요 이상으로 고통받기 마련이다.

Plus dolet quam necesse est,
qui ante dolet quam necesse est.

플루스 돌레트 쾀 네케세 에스트,
퀴 안테 돌레트 쾀 네케세 에스트.

009

Potentissimus est qui se habet in potestate.

포텐티시무스 에스트 퀴 세 하베트 인 포테스타테.

자기 스스로를 정복하는 이야말로 가장 용감한 정복자다.

Potentissimus est qui se habet in potestate.

포텐티시무스 에스트 퀴 세 하베트 인 포테스타테.

010

Multa cadunt inter calicem, supremaque labra.

물타 카둔트 인테르 칼리켐, 수프레마쿠에 라브라.

컵과 입술 사이에서도 많은 일들이 벌어진다.
(순간에도 많은 일이 일어날 수 있으니 방심하지 말라.)

Multa cadunt inter calicem, supremaque labra.

물타 카둔트 인테르 칼리켐, 수프레마쿠에 라브라.

✖ 가이아 Gaea
그리스 신화에 나오는 대지(大地)의 여신. 카오스에서 태어나 자신이 만든 천신(天神) 우라노스의 아내가 되어 티탄을 낳았다. 로마 신화에서는 텔루스라는 이름으로 숭배한다.

011

Avarus nisi cum moritur, nil recte facit.
아바루스 니시 쿰 모리투르, 닐 렉테 파키트.

탐욕스러운 자는 죽을 때를 제외하고는 옳은 일을 하지 않는다.
(죽어서 유산을 남기는 옳은 일만 할 뿐이다.)

아바루스 니시 쿰 모리투르, 닐 렉테 파키트.

012

Qui non proficit, deficit.

퀴 논 프로피키트, 데피키트.

앞으로 나아가지 않는 자는 물러서는 것이다.

Qui non proficit, deficit.

퀴 논 프로피키트, 데피키트.

✱ **티탄 Titan**
그리스 신화에 나오는 거인족. 우라노스와 가이아 사이에서 태어난 여섯 명의 남신과 여섯 명의 여신을 이른다. 올림포스 신들에게 멸망되었다.

013

Perfer et obdura; dolor hic tibi proderit olim.

페르페르 에트 옵두라; 돌로르 히크 티비 프로데리트 올림.

인내하고 견디라. 이 고통이 언젠가는 너에게 도움이 될 것이다.

페르페르 에트 옵두라; 돌로르 히크 티비 프로데리트 올림.

014

Satis divitiarum est, nil amplius velle.

사티스 디비티아룸 에스트, 닐 암플리우스 벨레.

더 이상 아무것도 원하지 않는 것이야말로 가장 큰 재산이다.

(진정한 부유함은 더 이상 욕망하지 않는 상태이다.)

Satis divitiarum est, nil amplius velle.

사티스 디비티아룸 에스트, 닐 암플리우스 벨레.

✖ 카오스 chaos
그리스의 우주 개벽설에서, 우주가 발생하기 이전의 원시적인 상태. 혼돈이나 무질서 상태를 이른다.

015

Semper avarus eget.

셈페르 아바루스 에게트.

인색한 자는 늘 궁핍하다.

셈페르 아바루스 에게트.

016

Sequitur superbos ultor a tergo Deus.

세퀴투르 수페르보스 울토르 아 테르고 데우스.

교만한 자들의 뒤에는 복수의 신이 따르고 있다.

Sequitur superbos ultor a tergo Deus.

세퀴투르 수페르보스 울토르 아 테르고 데우스.

✖ **크로노스 Cronos**

그리스 신화에 나오는 농경과 계절의 신. 자기 아들에게 지위를 뺏긴다는 예언을 믿고, 자식들이 태어나는 대로 차례로 잡아먹다가 제우스에게 쫓겨났다고 한다. 로마 신화의 사투르누스에 해당한다.

017

Sine pennis volare haud facile est.
시네 페니스 볼라레 하우드 파킬레 에스트.

날개 없이 나는 것은 결코 쉽지 않다.
(준비 없이 큰 일을 시도하면 성공하기 어렵다.)

Sine pennis volare haud facile est.

시네 페니스 볼라레 하우드 파킬레 에스트.

018

Summum nec metuas diem, nec optes.

숨뭄 네크 메투아스 디엠, 네크 옵테스.

죽음은, 두려워하지도 원하지도 말라.

Summum nec metuas diem, nec optes.

숨뭄 네크 메투아스 디엠, 네크 옵테스.

✖ 제우스 Zeus

그리스 신화에 나오는 최고의 신. 천지의 모든 현상을 주재하고 인간 사회의 정치, 법률, 도덕을 지키는 존재로, 로마 신화의 유피테르에 해당한다.

019 Tutum silentii praemium.

투툼 실렌티 프라이미움.

침묵의 대가는 안전이다.
(과도한 언변이 위험을 초래할 수 있다.)

Tutum silentii praemium.

투툼 실렌티 프라이미움.

020 Ubi mens plurima, ibi minima fortuna.

우비 멘스 플루리마, 이비 미니마 포르투나.

생각이 너무 많으면, 운이 따르지 않는다.
(너무 많이 고민하면 기회를 놓친다.)

Ubi mens plurima, ibi minima fortuna.

우비 멘스 플루리마, 이비 미니마 포르투나.

✱ **아프로디테 Aphrodite**
그리스 신화에 나오는 미(美)와 사랑의 여신. 바다의 거품에서 태어났으며 로마 신화의 베누스에 해당한다.

Velocem tardus assequitur.

벨로켐 타르두스 아세퀴투르.

느린 자가 빠른 자를 앞서게 된다.

Velocem tardus assequitur.

벨로켐 타르두스 아세퀴투르.

022

Vere prius volucres taceant, aestate cicadae.

베레 프리우스 볼루크레스 타케안트, 아이스타테 키카다이.

새들이여, 봄에는 침묵하라. 매미들이여, 여름에는 침묵하라.
(때를 만났다고 설치지 말라.)

Vere prius volucres taceant, aestate cicadae.

베레 프리우스 볼루크레스 타케안트, 아이스타테 키카다이.

✖ 펜테우스 Pentheus

그리스 신화에 나오는 테베의 왕. 주신(酒神) 디오니소스를 숭배하는 것을 금하였다는 이유로, 광신자였던 자신의 어머니에 의하여 몸을 찢기어 죽임을 당하였다.

023

Veritas lux mea.

베리타스 룩스 메아.

진리는 나의 빛.

Veritas lux mea.

베리타스 룩스 메아.

024 Vita aliena est nobis magistra.

비타 알리에나 에스트 노비스 마기스트라.

타인의 삶이 우리의 스승이다.

Vita aliena est nobis magistra.

비타 알리에나 에스트 노비스 마기스트라.

✱ 아폴론 Apollon
그리스 신화에 나오는 신. 제우스와 레토의 아들로 올림포스 12신 가운데 하나이며, 예언·의료·궁술·음악·시의 신이다. 광명의 신이기도 하여 후에는 태양신과 동일시되었다. 로마 신화의 아폴로에 해당한다.

025 Vita, si scias uti, longa est.

비타, 시 스키아스 우티, 롱가 에스트.

삶이란 사용할 줄만 안다면 매우 길다.

비타, 시 스키아스 우티, 롱가 에스트.

026

Ab alio expectes quod alteri feceris.

아브 알리오 엑스펙테스 쿼드 알테리 페케리스.

남에게 행한 만큼 남에게서 기대하라.

Ab alio expectes quod alteri feceris.

아브 알리오 엑스펙테스 쿼드 알테리 페케리스.

✖ **레토 Leto**

그리스 신화에 나오는 티탄족의 여신. 아폴론과 아르테미스의 어머니이다. 제우스의 총애를 받았으나 헤라의 질투로 아기를 낳을 곳이 없어 헤매다가 델로스섬에서 쌍둥이 아폴론과 아르테미스를 낳았다고 한다.

027

A fonte puro pura defluit aqua.

아 폰테 푸로 푸라 데플루이트 아쿠아.

맑은 샘에서 맑은 물이 솟아 나온다.

A fonte puro pura defluit aqua.

아 폰테 푸로 푸라 데플루이트 아쿠아.

Alios effugere saepe, te numquam potes.

알리오스 에푸게레 사에페, 테 눔쾀 포테스.

다른 사람은 피할 수 있다 할지라도, 너 자신은 결코 피할 수 없다.

알리오스 에푸게레 사에페, 테 눔쾀 포테스.

✱ **아르테미스 Artemis**
그리스 신화에 나오는 여신. 제우스와 레토의 딸로, 올림포스 12신의 하나이며 사냥·다산(多産)·순결·달의 여신이기도 하다. 로마 신화의 디아나에 해당한다.

Alium silere quod voles, primus sile.

알리움 실레레 쿼드 볼레스, 프리무스 실레.

남이 비밀을 지키길 원한다면, 너부터 비밀을 지키도록 하라.

Alium silere quod voles, primus sile.

알리움 실레레 쿼드 볼레스, 프리무스 실레.

030 Amicus certus in re incerta cernitur.

아미쿠스 케르투스 인 레 인케르타 케르니투르.

진실한 친구는 곤경에 처했을 때 비로소 나타난다.

Amicus certus in re incerta cernitur.

아미쿠스 케르투스 인 레 인케르타 케르니투르.

✱ **헤라 Hera**
그리스 신화에 나오는 최고의 여신. 제우스의 아내로 결혼과 출산을 관장하는 가정생활의 수호신이다. 로마 신화의 유노에 해당한다.

031

Akmittit merito proprium qui alienum appetit.

아크미티트 메리토 프로프리움 퀴 알리에눔 아페티트.

남의 것을 탐내는 자는, 자기 것을 잃는 것도 당연하게 여겨야 한다.

Akmittit merito proprium qui alienum appetit.

아크미티트 메리토 프로프리움 퀴 알리에눔 아페티트.

032

Multi multa, nemo omnia novit.

물티 물타, 네모 옴니아 노비트.

많은 것을 아는 사람은 많아도, 모든 것을 아는 사람은 없다.

Multi multa, nemo omnia novit.

물티 물타, 네모 옴니아 노비트.

✖ **다프네 Daphne**

그리스 신화에 나오는 요정. 하신(河神)의 딸로, 에로스의 화살을 맞고 그녀를 사랑하게 된 아폴론의 구애를 물리치고 도망쳐 월계수로 변하였다. 이후 그 월계수는 아폴론의 소유가 되었다고 한다.

033

Ante senecturem curavi ut bene viverem;
in senectute, ut vene moriar.

안테 세넥투렘 쿠라비 우트 베네 비베렘;
인 세넥투테, 우트 베네 모리아르.

젊어서는 잘살기 위해 애를 쓰고, 늙어서는 잘 죽기 위해 애를 쓴다.

Ante senecturem curavi ut bene viverem;
in senectute, ut vene moriar.

안테 세넥투렘 쿠라비 우트 베네 비베렘;
인 세넥투테, 우트 베네 모리아르.

034

Ante victoriam ne canas triumphum.

안테 빅토리암 네 카나스 트리움품.

승리하기 전에 승전가를 부르지 말라.

Ante victoriam ne canas triumphum.

안테 빅토리암 네 카나스 트리움품.

✖ 에로스 Eros

그리스 신화에 나오는 사랑의 신. 아프로디테의 아들로, 활과 화살을 가진 나체의 어린이로 나타나는데, 그가 쏜 금 화살을 맞으면 사랑에 빠지고 납 화살을 맞으면 증오하게 된다고 한다. 로마 신화의 큐피드와 아모르에 해당한다.

035

Absurdum est ut alios regat qui seipsum regere nescit.

압수르둠 에스트 우트 알리오스 레가트 퀴 세입숨
레게레 네스키트.

자기 자신도 다스릴 수 없으면서 남을 다스린다니!

Absurdum est ut alios regat qui seipsum regere nescit.

압수르둠 에스트 우트 알리오스 레가트 퀴 세입숨
레게레 네스키트.

036

Acta non verba.

악타 논 베르바.

말이 아니라 행동으로.

Acta non verba.

악타 논 베르바.

✖ **큐피드 Cupid**
로마 신화에 나오는 사랑의 신. 보통 나체에 날개가 달리고 활과 화살을 가진 아이 모습이다. 그리스 신화의 에로스에 해당한다.

Piscator ictus sapiet.

피스카토르 익투스 사피에트.

물고기 가시에 찔려 본 어부가 지혜롭다.

Piscator ictus sapiet.

피스카토르 익투스 사피에트.

038

Fructu non foliis arborem aestima.

프룩투 논 폴리스 아르보렘 아에스티마.

잎이 아니라 열매를 보고 나무를 평가하라.

(진정한 가치는 외양이 아닌 실질적 내용에서 나온다.)

Fructu non foliis arborem aestima.

프룩투 논 폴리스 아르보렘 아에스티마.

✘ **아모르 Amor**

로마 신화에 나오는 사랑의 신. 그리스 신화의 에로스에 해당한다.

039

Nam nulli tacuisse nocet, nocet esse locutum.

남 눌리 타퀴세 노세트, 노세트 에세 로쿠툼.

마음속에 담아 두면 아무런 해가 없는 말도 밖으로 내뱉으면 해가 된다.

Nam nulli tacuisse nocet, nocet esse locutum.

남 눌리 타퀴세 노세트, 노세트 에세 로쿠툼.

040

Dentem dente rodere.

덴템 덴테 로데레.

물 수 없을 때는 이를 드러내지 말라.

Dentem dente rodere.

덴템 덴테 로데레.

✖ **불카누스 Vulcanus**

로마 신화에 나오는 불과 대장장이의 신. 그리스 신화의 헤파이스토스에 해당한다.

041

Non bene imperat nisi qui paruerit imperio.
논 베네 임페라트 니시 퀴 파루에리트 임페리오.

복종에 익숙하지 않은 이는 지배할 줄도 모른다.

Non bene imperat nisi qui paruerit imperio.

논 베네 임페라트 니시 퀴 파루에리트 임페리오.

042

Dulce bellum inexpertis.

둘체 벨룸 이넥스페르티스.

전쟁은, 겪어 본 적 없는 사람에게는 달콤하다.

Dulce bellum inexpertis.

둘체 벨룸 이넥스페르티스.

✖ **유피테르 Jupiter**
로마 신화에 나오는 최고의 신. 그리스 신화의 제우스에 해당한다.

043 Absens haeres non erit.

압센스 하에레스 논 에리트.

눈에서 멀어지면 마음에서도 멀어진다.

Absens haeres non erit.

압센스 하에레스 논 에리트.

044

Dicta docta pro datis.

딕타 독타 프로 다티스.

고운 말은 선물을 대신한다.

딕타 독타 프로 다티스.

✖ 베누스 Venus
로마 신화에 나오는 미(美)와 사랑의 여신. 그리스 신화의 아프로디테에 해당한다.

045

Cuiusvis hominis est errare, nullius nisi insipientis in errore perseverare.

쿠이우스비스 호미니스 에스트 에라레, 눌리우스 니시
인시피엔티스 인 에로레 페르세베라레.

누구든 실수할 수 있지만, 어리석은 자만이 실수에서 헤어 나오지 못한다.

Cuiusvis hominis est errare, nullius nisi insipientis in errore perseverare.

쿠이우스비스 호미니스 에스트 에라레, 눌리우스 니시
인시피엔티스 인 에로레 페르세베라레.

046

Calamus gladio fortior.

칼라무스 글라디오 포르티오르.

펜은 칼보다 강하다.

Calamus gladio fortior.

칼라무스 글라디오 포르티오르.

✖ **사투르누스 Saturnus**
로마 신화에 나오는 농경과 계절의 신. 그리스 신화의 크로노스에 해당한다.

047 Faber est suae quisque fortunae.

파베르 에스트 수아이 퀴스쿠에 포르투나이.

모든 사람은 자신의 운명을 짓는 장인(匠人)이다.
(운명은 스스로 만들어 가는 것이다.)

Faber est suae quisque fortunae.

파베르 에스트 수아이 퀴스쿠에 포르투나이.

048

Habe ambitionem et ardorem.

하베 암비티오넴 에트 아르도렘.

야망과 열정을 품으라.

Habe ambitionem et ardorem.

하베 암비티오넴 에트 아르도렘.

✖ **텔루스 Tellus**

로마 신화에 나오는 대지(大地)의 여신. 그리스 신화의 가이아에 해당한다.

049

Gratia gratiam parit.

그라티아 그라티암 파리트.

감사함은 감사함을 낳는다.

Gratia gratiam parit.

그라티아 그라티암 파리트.

050 Ipsa scientia potestas est.

입사 스키엔티아 포테스타스 에스트.

지식은 그 자체로 힘이다.

Ipsa scientia potestas est.

입사 스키엔티아 포테스타스 에스트.

✖ **디아나 Diana**
로마 신화에 나오는 여신. 그리스 신화의 아르테미스에 해당한다.

051

Labor omnia vincit.

라보르 옴니아 빈키트.

노력은 모든 걸 정복한다.

Labor omnia vincit.

라보르 옴니아 빈키트.

052

Lectio difficilior potior.

렉티오 디피킬리오르 포티오르.

더 어려운 것을 읽으면, 더 강해진다.

Lectio difficilior potior.

렉티오 디피킬리오르 포티오르.

✱ **유노 Juno**
로마 신화에 나오는 최고의 여신. 그리스 신화의 헤라에 해당한다.

053 Mea culpa.

메아 쿨파.

내 탓이오.

Mea culpa.

메아 쿨파.

054

Mortui vivos docent.

모르투이 비보스 도켄트.

죽음이 삶을 가르친다.

Mortui vivos docent.

모르투이 비보스 도켄트.

✖ 이오 Io

그리스 신화에 나오는 미인. 제우스의 사랑을 받았으나 제우스의 부인인 헤라의 질투로 암소로 변하여, 여러 나라를 떠돌다가 이집트에 와서 제우스의 아들을 낳고 본래의 모습으로 변하여 이집트의 여왕이 되었다고 한다.

055

Potius sero quam numquam.

포티우스 세로 쾀 눔쾀.

안 하는 것보다는 지금이라도 하는 게 낫다.

Potius sero quam numquam.

포티우스 세로 쾀 눔쾀.

056 Optimus magister bonus liber.
옵티무스 마기스테르 보누스 리베르.

최고의 스승은 책이다.

Optimus magister bonus liber.

옵티무스 마기스테르 보누스 리베르.

✖ 칼리스토 Callisto
그리스 신화에 나오는 요정. 제우스와 정을 통한 죄로 헤라의 노여움을 사서 곰으로 변하여 아들인 아르카스의 활에 맞아 죽었는데, 제우스가 불쌍히 여기어 큰곰자리로 만들었다고 한다.

057 Non ducor, duco.

논 두코르, 두코.

나는 끌려가지 않는다, 나는 이끈다.

Non ducor, duco.

논 두코르, 두코.

058

Qui fert pondus coronae velit.

퀴 페르트 폰두스 코로나이 벨리트.

왕관을 원한다면, 그 무게도 견뎌야 한다.

Qui fert pondus coronae velit.

퀴 페르트 폰두스 코로나이 벨리트.

✽ 아르카스 Arcas

그리스 신화에 나오는 인물. 제우스와 요정 칼리스토의 아들로, 자신의 어머니가 곰으로 바뀐 줄도 모르고 그 곰을 잡으려고 금지된 성역에 발을 들여놓아 죽게 되었으나, 제우스의 자비로 어머니는 큰곰자리가 되고 자신은 목자자리의 별 아르크투루스가 되었다고 한다.

059

Suaviter in modo, fortiter in re.

수아비테르 인 모도, 포르티테르 인 레.

행동은 당당하게, 자세는 겸손하게.

060

Radix omnium malorum est cupiditas.

라딕스 옴니움 말로룸 에스트 쿠피디타스.

모든 악의 뿌리는 탐욕이다.

Radix omnium malorum est cupiditas.

라딕스 옴니움 말로룸 에스트 쿠피디타스.

✖ **악타이온 Actaeon**
그리스 신화에 나오는 사냥꾼. 여신 아르테미스가 목욕하는 것을 훔쳐보다 사슴으로 변해서 자기의 사냥개에게 물려 죽었다.

061 Vivere militare est.

비베레 밀리타레 에스트.

삶은 투쟁이다.

062

Tu ne cede malis sed contra audentior ito.

투 네 케데 말리스 세드 콘트라 아우덴티오르 이토.

너는 악에 굴복하지 말고, 오히려 더욱 담대히 맞서라.

Tu ne cede malis sed contra audentior ito.

투 네 케데 말리스 세드 콘트라 아우덴티오르 이토.

✖ 파에톤 Phaethon

그리스 신화에 나오는 태양신 헬리오스의 아들. 아버지의 전차를 몰고 하늘의 궤도를 벗어나 달리다가 태양의 불로 지상을 불태웠기 때문에 제우스가 벼락을 쳐서 죽였다.

063

Crocodilus, dum devorat, lacrimat.

크로코딜루스, 둠 데보라트, 라크리마트.

악어는 잡아먹으면서 운다.
(속으로는 잔인하면서 겉으로는 슬픈 척한다.)

크로코딜루스, 둠 데보라트, 라크리마트.

064

Ne sutor ultra crepidam.

네 수토르 울트라 크레피담.

제화공(製靴工)은 신발을 넘어서지 말라.
(자신이 알지 못하는 것에 대해 언급하지 말라.)

Ne sutor ultra crepidam.

네 수토르 울트라 크레피담.

✖ 헬리오스 Helios
그리스 신화에 나오는 태양신. 매일 아침 불꽃에 싸인 말이 끄는 마차를 타고 동쪽 궁전을 나와 하늘로 올라갔다가 저녁이면 서쪽 궁전으로 들어가며, 다시 황금의 배로 동쪽으로 돌아간다고 한다.

065

Multa novit vulpes, verum echinus unum magnum.

물타 노비트 불페스, 베룸 에키누스 우눔 마그눔.

여우는 여러 가지를 알지만, 고슴도치는 중요한 것 하나를 안다.
(다양한 전술이 있을 수도 있고, 단 하나의 효과적인 전략이 있을 수도 있다.)

Multa novit vulpes, verum echinus unum magnum.

물타 노비트 불페스, 베룸 에키누스 우눔
마그눔.

066

Ne quid nimis.

네 퀴드 니미스.

절대 지나칠 정도로 하지 말라.

Ne quid nimis.

네 퀴드 니미스.

✖ **미다스 Midas**

그리스 신화에 나오는 소아시아의 왕. 디오니소스에 의하여 손에 닿는 모든 것을 황금으로 변하게 하는 힘을 얻었으나, 먹으려는 음식과 사랑하는 딸마저 황금으로 변하자 슬퍼하던 끝에 디오니소스에게 빌어 그 힘을 버렸다고 한다.

067

Fluctuat nec mergitur.

플룩투아트 네크 메르기투르.

흔들릴지언정 가라앉지 않는다.

068

Principium dimidium totius.

프린키피움 디미디움 토티우스.

시작이 반이다.

Principium dimidium totius.

프린키피움 디미디움 토티우스.

✖ 디오니소스 Dionysos

그리스 신화에 나오는 술의 신. 제우스와 세멜레의 아들로, 자연의 생성력 및 포도, 포도주를 다스린다고 한다. 로마 신화의 바쿠스에 해당한다.

069 Nihil difficile volenti.

니힐 디피킬레 볼렌티.

의지 있는 자에겐 어려움이란 없다.

니힐 디피킬레 볼렌티.

070

Amicorum communia omnia.

아미코룸 콤무니아 옴니아.

벗들은 모든 것을 함께한다.

Amicorum communia omnia.

아미코룸 콤무니아 옴니아.

✖ **세멜레 Semele**
그리스 신화에 나오는 여신. 테베 왕 카드모스와 하르모니아의 딸로, 제우스와의 사이에서 디오니소스를 낳고, 헤라의 질투로 벼락을 맞아 죽었다.

071

Omne bellum sumi facile,
ceterum aegerrime desinere.

옴네 벨룸 수미 파킬레,
케테룸 아이게리메 데시네레.

전쟁은 시작하기는 쉽지만 끝내는 것은 참으로 어렵다.

Omne bellum sumi facile,
ceterum aegerrime desinere.

옴네 벨룸 수미 파킬레,
케테룸 아이게리메 데시네레.

Forsan et haec olim meminisse iuvabit.

포르산 에트 하이크 올림 메미니세 이우바비트.

지금의 이 일이 언젠가는 기쁜 추억이 될 것이다.

Forsan et haec olim meminisse iuvabit.

포르산 에트 하이크 올림 메미니세 이우바비트.

✖ 카드모스 Cadmos

그리스 신화에 나오는 영웅. 페니키아의 왕자로, 제우스에게 납치된 누이동생 에우로페를 찾아 전국을 헤매었으나 실패하였다. 알파벳을 그리스에 전하였으며, 테베를 건설하였다고 한다.

073

Magna civitas magna solitudo.

마그나 키비타스 마그나 솔리투도.

커다란 도시, 커다란 고독.
(사람이 많고 번화한 도시에서 오히려 외로움을 느낀다.)

Magna civitas magna solitudo.

마그나 키비타스 마그나 솔리투도.

✱ 에우로페 Europe
그리스 신화에 나오는 인물. 제우스가 이 소녀의 아름다움을 탐내어 흰 소로 변하여 태우고 다녔는데, 이때 돌아다닌 지방을 그의 이름을 따서 유럽이라고 부르게 되었다고 한다.

074

Nitimur in vetitum semper cupimusque negata.

니티무르 인 베티툼 셈페르 쿠피무스쿠에 네가타.

우리는 늘 금지된 것을 욕망하고, 거부된 것을 희망한다.

Nitimur in vetitum semper cupimusque negata.

니티무르 인 베티툼 셈페르 쿠피무스쿠에 네가타.

075 Multa docet fames.

물타 도케트 파메스.

굶주림은 많은 것을 가르친다.

물타 도케트 파메스.

076 Possunt, quia posse videntur.

포순트, 퀴아 포세 비덴투르.

할 수 있다고 생각하기 때문에 할 수 있다.

Possunt, quia posse videntur.

포순트, 퀴아 포세 비덴투르.

✖ 바쿠스 Bacchus
로마 신화에 나오는 술의 신. 그리스 신화의 디오니소스에 해당한다.

Meilor tutiorque est certa pax,
quam sperata victoria.

메일로르 투티오르쿠에 에스트 케르타 팍스,
쾀 스페라타 빅토리아.

확실한 평화는 기대한 승리보다 나을 뿐 아니라, 더 안전하다.

메일로르 투티오르쿠에 에스트 케르타 팍스,
쾀 스페라타 빅토리아.

078 Omnia praeclara rara.

옴니아 프라이클라라 라라.

훌륭한 것은 드물다.

Omnia praeclara rara.

옴니아 프라이클라라 라라.

✖ **필레몬 Philemon**

그리스 신화에 나오는 인물. 변장하여 프리기아 지방을 방문한 제우스와 헤르메스를, 궁핍한 생활에도 아내와 함께 후하게 대접하여 농가를 훌륭한 사원으로 바꾸어 받았으며, 소원대로 부부가 죽을 때를 함께하였다.

Ira furor brevis est.

이라 푸로르 브레비스 에스트.

분노는 짧은 광기이다.
(분노가 이성을 잃게 하지만, 오래 지속되지는 않는다.)

이라 푸로르 브레비스 에스트.

080

Libera nos a malo.

리베라 노스 아 말로.

우리를 악에서 구하소서.

Libera nos a malo.

리베라 노스 아 말로.

✖ 헤르메스 Hermes

그리스 신화에 나오는 신. 신들의 사자(使者)이며 목부(牧夫), 나그네, 상인, 도둑의 수호신으로, 날개 달린 모자와 신을 신고 뱀을 감은 단장을 짚으며 죽은 사람의 망령을 저승으로 인도한다고 한다. 로마 신화의 메르쿠리우스에 해당한다.

081 Maerormentes abjicit.

마이로르멘테스 아비키트.

슬픔은 정신을 무너뜨린다.

082

Non aetate adipiscitur sapientia.

논 아이타테 아디피스키투르 사피엔티아.

지혜는 나이로 얻는 것이 아니다.

Non aetate adipiscitur sapientia.

논 아이타테 아디피스키투르 사피엔티아.

✖ 메르쿠리우스 Mercurius
로마 신화에 나오는 상업의 신. 그리스 신화의 헤르메스에 해당하며, 전대(錢帶)를 가지고 있는 모습으로 표현된다.

083

Ex inferiore loco tela adigi non possunt.

엑스 인페리오레 로코 텔라 아디기 논 포순트.

낮은 곳에서는 창을 던질 수 없다.
(불리한 위치에서는 효과적인 공격이 어렵다.)

Ex inferiore loco tela adigi non possunt.

엑스 인페리오레 로코 텔라 아디기 논 포순트.

084 Nil desperandum.

닐 데스페란둠.

절대로 절망하지 말라.

Nil desperandum.

닐 데스페란둠.

✖ **페르세포네 Persephone**
그리스 신화에 나오는 생성과 번식의 여신. 제우스와 데메테르의 딸로, 명부(冥府)의 왕 하데스가 유괴하여 아내로 삼았기 때문에 반년씩 지상과 명부를 드나들었다고 한다.

085 Age, si quid agis.

아게, 시 퀴드 아기스.

하려거든, 정신 바짝 차려 최선을 다하라.

Age, si quid agis.

아게, 시 퀴드 아기스.

086

Spes agit mentem.

스페스 아기트 멘템.

희망이 정신을 자극한다.

Spes agit mentem.

스페스 아기트 멘템.

✖ **데메테르 Demeter**
그리스 신화에 나오는 대지(大地)의 여신. 크로노스의 딸로 곡물의 성장과 농업 기술을 관장하며, 로마 신화의 케레스에 해당한다.

087

Hominis mens discendo alitur.

호미니스 멘스 디스켄도 알리투르.

사람의 지능은 배우면서 향상한다.

Hominis mens discendo alitur.

호미니스 멘스 디스켄도 알리투르.

088

Altum silentium.

알툼 실렌티움.

절대 침묵.

Altum silentium.

알툼 실렌티움.

✖ **케레스 Ceres**
로마 신화에 나오는 대지(大地)의 여신. 그리스 신화의 데메테르에 해당한다.

089 Villis amicorum est annona.

빌리스 아미코룸 에스트 안노나.

벗을 사귀는 비용은 참으로 값싸다.

Villis amicorum est annona.

빌리스 아미코룸 에스트 안노나.

090 Nihil vita antiquius existimare.

니힐 비타 안티퀴우스 엑시스티마레.

생명을 가장 귀하게 여긴다.

Nihil vita antiquius existimare.

니힐 비타 안티퀴우스 엑시스티마레.

✖ **스킬라 Scylla**
그리스 신화에 나오는 바다 괴물. 포르키스의 딸로, 머리는 여섯이고 하체는 뱀 모양인데, 메시나 해협에 살면서 그곳을 지나는 뱃사람을 잡아먹다가 뒤에 헤라클레스의 손에 죽는다.

091

Noli metuere, una tecum bona mala tolerabimus.

놀리 메투에레, 우나 테쿰 보나 말라 톨레라비무스.

걱정하지 말라, 좋은 일도 나쁜 일도 너와 함께 견디어 낼 테니.

놀리 메투에레, 우나 테쿰 보나 말라 톨레라비무스.

092 Dii approbent!
디 압프로벤트!

신들의 축복이 있기를!

Dii approbent!

디 압프로벤트!

✖ **헤라클레스 Heracles**
그리스 신화에 나오는 최대의 영웅. 여신 헤라의 미움을 받고 발광하여 아내 메가라와 아들을 죽인 후 그 죗값으로 모험 여행을 하게 되나, 아르고스왕(王)을 섬겨 용기와 지략으로써 어려움을 해결하고 위업을 이루었다고 한다. 후에 아내 데이아네이라의 곡해(曲解)로 죽게 되었으나 승천하여 신들과 친구가 되었다.

093 Bene diagnoscitur, bene curatur.

베네 디아그노스키투르, 베네 쿠라투르.

잘 진단하면, 잘 치료된다.
(문제를 정확하게 파악해야 해결도 잘할 수 있다.)

Bene diagnoscitur, bene curatur.

베네 디아그노스키투르, 베네 쿠라투르.

094

Alternant spesque timorque fidem.

알테르난트 스페스쿠에 티모르쿠에 피뎀.

희망과 두려움은 번갈아 가며 믿음을 흔든다.
(희망과 두려움이라는 상반된 감정에 의해 확신도 끊임없이 영향을 받는다.)

Alternant spesque timorque fidem.

알테르난트 스페스쿠에 티모르쿠에 피뎀.

✖ 아르고스 Argos

그리스 신화에서, 세 개 또는 네 개의 눈을 가진 괴물. 온몸에 무수한 눈을 가지고 있다고도 하는 이 괴물은 아르카디아를 황폐하게 하는 소와 사티로스를 죽이고, 헤라의 명으로 암소로 변한 이오를 감시하다가 제우스의 명령을 받은 헤르메스의 계략에 걸려 살해되었다.

095 Belli casus veritas prima.

벨리 카수스 베리타스 프리마.

전쟁의 첫 번째 희생자는 진실이다.

Belli casus veritas prima.

벨리 카수스 베리타스 프리마.

096

Veritas vos liberabit.

베리타스 보스 리베라비트.

진리가 너희를 자유롭게 할 것이다.

Veritas vos liberabit.

베리타스 보스 리베라비트.

✽ **사티로스 satyros**
그리스 신화에 등장하는 반인반수의 괴물. 주신(酒神)인 디오니소스의 자손이다. 머리에는 뿔이 달려 있고, 뾰족한 귀와 수염이 특징적이며 때때로 굽을 들고 있다.

097

Uni navi ne committas omnia.

우니 나비 네 콤미타스 옴니아.

한 척의 배에 모든 것을 싣지 말라.

Uni navi ne committas omnia.

우니 나비 네 콤미타스 옴니아.

098

Secrete amicos admone lauda palam.

세크레테 아미코스 아드모네 라우다 팔람.

꾸짖을 때는 아무도 모르게, 칭찬할 때는 모두가 알게.

Secrete amicos admone lauda palam.

세크레테 아미코스 아드모네 라우다 팔람.

✱ **데이아네이라 Deianeira**
그리스 신화에 나오는 헤라클레스의 아내. 네소스의 독혈(毒血)을 사랑의 미약(媚藥)으로 잘못 알고 남편의 옷에 발랐다가 그 독으로 남편이 죽음 직전에 이르자 자살하였다.

099

Cogitationes posteriores sunt saniores.

코기타티오네스 포스테리오레스 순트 사니오레스.

뒤늦은 생각이 더 현명하다.
(즉흥적인 생각보다 숙고 후의 판단이 더 좋다.)

코기타티오네스 포스테리오레스 순트 사니오레스.

100

Plenus venter non studet libenter.

플레누스 벤테르 논 스투데트 리벤테르.

부른 배는 학문을 좋아하지 않는다.

플레누스 벤테르 논 스투데트 리벤테르.

✖ **피그말리온 Pygmalion**
그리스 신화에 나오는 키프로스의 왕. 상아로 조각한 여신상을 사랑하여 아프로디테가 이 상에 생명을 불어 넣어 아내로 삼게 하였는데, 둘 사이에서 딸 파포스가 태어났다.

101

Obedire veritati.

오베디레 베리타티.

진리에 순종하라.

102

Non omne quod nitet aurum est.

논 옴네 쿼드 니테트 아우룸 에스트.

반짝인다고 모두 금은 아니다.

Non omne quod nitet aurum est.

논 옴네 쿼드 니테트 아우룸 에스트.

✖ 아도니스 Adonis
그리스 신화에 나오는 미소년. 여신 아프로디테의 사랑을 받았다.

103 Semper ad meliora!

셈페르 아드 멜리오라!

항상 더 나은 것을 향하여!

셈페르 아드 멜리오라!

104

Nosce te ipsum.
노스케 테 입숨.

너 자신을 알라.

Nosce te ipsum.

노스케 테 입숨.

✱ 히아킨토스 Hyakinthos
그리스 신화에 나오는 미소년. 아폴론의 총애를 받았으나 이를 질투한 서풍(西風)의 신 제피로스에게 죽임을 당하였는데, 그때 흘린 피에서 히아신스라는 꽃이 피었다고 한다.

105

Ipse se nihil scire id unum sciat.

입세 세 니힐 스키레 이드 우눔 스키아트.

나는 내가 아는 것이 아무것도 없다는 사실만은 분명히 안다.

Ipse se nihil scire id unum sciat.

입세 세 니힐 스키레 이드 우눔 스키아트.

106

Ego sum lux mundi.

에고 숨 룩스 문디.

나는 세상의 빛이다.

Ego sum lux mundi.

에고 숨 룩스 문디.

✖ 제피로스 Zephyros

그리스 신화에 나오는 서풍(西風)의 신. 꽃의 여신 플로라의 연인으로, 트라키아 동굴에 산다고 한다.

107 Amor et melle et felle est fecundissimus.

아모르 에트 멜레 에트 펠레 에스트 페쿤디시무스.

사랑은 꿀과 독으로 가득 차 있다.

Amor et melle et felle est fecundissimus.

아모르 에트 멜레 에트 펠레 에스트 페쿤디시무스.

108 Venenum in auro bibitur.

베네눔 인 아우로 비비투르.

사약은 금잔으로 마신다.
(좋지 않은 것일수록 좋은 표정과 치장을 하고 온다.)

베네눔 인 아우로 비비투르.

✖ **플로라 Flora**
로마 신화에 나오는, 꽃과 과실과 풍요와 봄의 여신.

109

Contra imprudentem stulta est nimia ingenuitas.

콘트라 임프루덴템 스툴타 에스트 니미아 인게누이타스.

무지한 자들 앞에서 지나치게 현명하게 행동하는 것은 멍청한 짓이다.

Contra imprudentem stulta est nimia ingenuitas.

콘트라 임프루덴템 스툴타 에스트 니미아 인게누이타스.

110

Ama et fac quod vis.

아마 에트 파크 쿼드 비스.

사랑하라, 그리고 네가 원하는 것을 하라.

Ama et fac quod vis.

아마 에트 파크 쿼드 비스.

✖ 프시케 Psyche

그리스 신화에 나오는 미녀. 사랑의 신 에로스의 아내이다.

111 Cum vinum intrat, exit sapientia.

쿰 비눔 인트라트, 엑시트 사피엔티아.

술이 들어오면, 지혜가 나간다.
(술을 마시면 이성적인 판단력이 흐려진다.)

쿰 비눔 인트라트, 엑시트 사피엔티아.

112

Dona nobis pacem.

도나 노비스 파켐.

저희에게 평화를 주소서!

Dona nobis pacem.

도나 노비스 파켐.

✖ 나르키소스 Narcissos

그리스 신화에 나오는 미소년. 에코의 사랑을 받아들이지 않았다고 하여 네메시스에게 벌을 받아, 호수에 비친 자기 모습을 사랑하여 그리워하다가 빠져 죽어 수선화가 되었다고 한다.

113

Si hortum in bibliotheca habes, nihil deerit.

시 호르툼 인 비블리오테카 하베스, 니힐 데리트.

네가 도서관과 정원을 소유하고 있다면 더 이상 필요한 것이 무엇인가.

Si hortum in bibliotheca habes, nihil deerit.

시 호르툼 인 비블리오테카 하베스, 니힐 데리트.

Ubi fumus, ibi ignis.

우비 푸무스, 이비 이그니스.

연기 나는 곳에 불이 있다.

(아니 땐 굴뚝에 연기 나랴.)

Ubi fumus, ibi ignis.

우비 푸무스, 이비 이그니스.

✖ **에코 Echo**
그리스 신화에 나오는 숲의 요정. 나르키소스를 사랑하였으나 거절당하자, 슬픔으로 몸은 없어지고 메아리가 되었다고 한다.

115

Omnium rerum principia parva sunt.

옴니움 레룸 프린키피아 파르바 순트.

모든 것의 시작은 미약하다.

Omnium rerum principia parva sunt.

옴니움 레룸 프린키피아 파르바 순트.

116

Sapiens sua bona secum fert.

사피엔스 수아 보나 세쿰 페르트.

지혜로운 자는 자신의 보물을 지니고 다닌다.
(진정한 부와 행복은 내면에서 비롯된다.)

사피엔스 수아 보나 세쿰 페르트.

✖ **네메시스 Nemesis**
그리스 신화에 나오는 율법(律法)의 여신. 절도(節度)와 복수(復讐)를 관장하고 인간에게 행복과 불행을 분배한다고 한다.

117

At tibi di benefaciant!

아트 티비 디 베네파키안트!

신의 가호가 당신과 함께하기를!

아트 티비 디 베네파키안트!

Oculus se non videns, alia videt.

오쿨루스 세 논 비덴스, 알리아 비데트.

눈은 세상 모든 것을 보면서 오직 자기 자신만은 못 본다.

Oculus se non videns, alia videt.

오쿨루스 세 논 비덴스, 알리아 비데트.

✖ 아테나 Athena

그리스 신화에 나오는 지혜의 여신. 제우스의 딸로 올림포스 12신 가운데 하나이며, 아테네 시의 수호신이다. 로마 신화의 아테네, 또는 미네르바에 해당한다.

119

Aspirat primo fortuna labori.

아스피라트 프리모 포르투나 라보리.

운명은 우리가 들이는 첫 노력에 응답한다.

아스피라트 프리모 포르투나 라보리.

120

Dona eis requiem.

도나 에이스 레퀴엠.

저들에게 안식을 주소서.

Dona eis requiem.

도나 에이스 레퀴엠.

✖ 바실레이아 Basileia

그리스 신화에 등장하는 인물로, 하늘의 신인 우라노스의 딸이다. 해와 달의 신인 헬리오스와 셀레네를 낳아 위대한 어머니 여신으로 숭배되었다.

1 2 1

Lanarum nigrae nullum colorem bibunt.

라나룸 니그라이 눌룸 콜로렘 비분트.

검은 양털에는 어떤 물감도 들일 수 없다.

Lanarum nigrae nullum colorem bibunt.

라나룸 니그라이 눌룸 콜로렘 비분트.

122

Bene mihi, bene vobis!

베네 미히, 베네 보비스!

나와 여러분 모두에게 행복이 있기를!

Bene mihi, bene vobis!

베네 미히, 베네 보비스!

✹ 미네르바 Minerva
로마 신화에 나오는 지혜의 여신. 그리스 신화의 아테나에 해당한다.

Sol lucet omnibus.

솔 루케트 옴니부스.

태양은 모두를 비춘다.

Sol lucet omnibus.

솔 루케트 옴니부스.

124

Nunc aut nunquam.

눈크 아우트 눈쾀.

지금 아니면 결코.

(기회를 놓치지 말고 바로 행동하라.)

Nunc aut nunquam.

눈크 아우트 눈쾀.

✱ 고르고네스 Gorgones

그리스 신화에 나오는 세 자매 괴물. 스텐노, 에우리알레, 메두사를 가리키는데, 이들 세 자매는 뱀 머리카락과 청동으로 된 발톱과 손을 가졌다. 이들 가운데 스텐노와 에우리알레는 불사신이었으나, 막내인 메두사는 불멸의 존재가 아니었다. 메두사는 페르세우스에게 죽임을 당했다.

125

Ego sum via et veritas et vita.

에고 숨 비아 에트 베리타스 에트 비타.

나는 길이요, 진리요, 생명이다.

에고 숨 비아 에트 베리타스 에트 비타.

126

Nostrorum absolve vincula peccatorum.

노스트로룸 압솔베 빈쿨라 펙카토룸.

우리 죄의 사슬을 풀어 주소서.

Nostrorum absolve vincula peccatorum.

노스트로룸 압솔베 빈쿨라 펙카토룸.

✱ **메두사 Medusa**
그리스 신화에 나오는 괴물. 고르고네스 세 자매의 막내로, 원래는 아름다운 소녀였으나 아테네의 저주를 받아 무서운 괴물로 변하였는데, 머리카락은 모두 뱀이고 멧돼지의 엄니와 황금의 날개를 가졌으며, 그 얼굴을 본 사람은 돌이 되었다고 한다. 페르세우스에게 목이 잘려서 죽었다.

127

Bonis nocet qui malis parcit.

보니스 노케트 퀴 말리스 파르키트.

악인을 용서하는 자는 선인을 해친다.

Bonis nocet qui malis parcit.

보니스 노케트 퀴 말리스 파르키트.

128 Cognatio movet invidiam.

코그나티오 모베트 인비디암.

친한 사이일수록 시기심은 커진다.

Cognatio movet invidiam.

코그나티오 모베트 인비디암.

✱ **페르세우스 Perseus**
그리스 신화에 나오는 영웅. 제우스와 다나에의 아들로, 폴리데크테스의 명령을 받아 괴물 메두사의 목을 베어 죽이고, 귀국하면서 바다의 괴물로부터 안드로메다를 구출하여 아내로 삼았다.

129 Verba volant, scripta manent.

베르바 볼란트, 스크립타 마넨트.

말은 날아가지만 글은 남는다.

130

Bono animo es!

보노 아니모 에스!

마음 단단히 먹으라!

Bono animo es!

보노 아니모 에스!

✖ **다나에 Danae**

그리스 신화에 나오는 여신. 아르고스 왕 아크리시오스의 딸이다. 아버지가 그녀를 청동의 방에 가두었으나, 황금의 비로 변신한 제우스를 맞아 아들 페르세우스를 낳았다.

131

Quod bonum, felix,
faustum fortunatumque sit!

쿼드 보눔, 펠릭스,
파우스툼 포르투나툼쿠에 시트!

이 일이 잘되고 무사하며 행운이 깃들어 좋은 결과를 맺기를!

Quod bonum, felix,
faustum fortunatumque sit!

쿼드 보눔, 펠릭스,
파우스툼 포르투나툼쿠에 시트!

Repetitio est mater memoriae.

레피티티오 에스트 마테르 메모리아이.

반복은 기억의 어머니다.

레피티티오 에스트 마테르 메모리아이.

✖ **에우리알레 Euryale**
그리스 신화에 나오는 괴물. 고르고네스 세 자매의 둘째로, 첫째인 스텐노와 함께 불사의 존재였다.

133 Vitae summa brevis spem nos vetrat incohare longam.

**비타이 숨마 브레비스 스펨 노스 베트라트
인코하레 롱감.**

인생은 짧기에 누구에게나 긴 희망을 허용하지 않는다.

Vitae summa brevis spem nos vetrat incohare longam.

**비타이 숨마 브레비스 스펨 노스 베트라트
인코하레 롱감.**

134

Patet omnibus veritas.

파테트 옴니부스 베리타스.

진리는 모든 이에게 열려 있다.

Patet omnibus veritas.

파테트 옴니부스 베리타스.

✖ **아틀라스 Atlas**
그리스 신화에 나오는 거인 신. 프로메테우스의 형제로, 천계(天界)를 어지럽혀 그 죄로 제우스에게 하늘을 두 어깨로 메는 벌을 받았다.

135

Aut nunquam tentes aut perfice.

아우트 눈쾀 텐테스 아우트 페르피케.

시작도 하지 말거나, 시작했으면 끝을 보라.

Aut nunquam tentes aut perfice.

아우트 눈쾀 텐테스 아우트 페르피케.

136

Bonus dux bonum reddit comitem.

보누스 둑스 보눔 레디트 코미템.

훌륭한 지도자가 뛰어난 신하를 만든다.

Bonus dux bonum reddit comitem.

보누스 둑스 보눔 레디트 코미템.

✻ **안드로메다 Andromeda**
그리스 신화에 나오는 에티오피아의 왕녀. 케페우스와 카시오페이아의 딸로, 바다 괴물에게 제물로 바쳐져서 바다 절벽에 매달렸다가 페르세우스에게 구출되어 그의 아내가 되었고, 나중에 별자리가 되었다.

Camelus desiderans cormua etiam aures perdidit.

카멜루스 데시데란스 코르무아 에티암 아우레스
페르디디트.

낙타가 뿔을 갖겠다고 나섰다가 귀마저 잃는다.

(지나친 욕심은 가지고 있던 소중한 것마저 잃게 만든다.)

Camelus desiderans cormua etiam aures perdidit.

카멜루스 데시데란스 코르무아 에티암 아우레스
페르디디트.

138

Canes timidi vehementius latrant.

카네스 티미디 베헤멘티우스 라트란트.

겁 많은 개일수록 더 크게 짖는다.

Canes timidi vehementius latrant.

카네스 티미디 베헤멘티우스 라트란트.

✖ **케페우스 Cepheus**
그리스 신화에 나오는 에티오피아의 왕. 카시오페이아의 남편이며 안드로메다의 아버지로 아르고선(船) 일행의 한 사람인데, 죽은 뒤에 별자리가 되었다고 한다.

139

Cantabit vacuus coram latrone viator.

칸타비트 바쿠우스 코람 라트로네 비아토르.

빈털터리 나그네는 강도 앞에서 노래를 흥얼거린다.

Cantabit vacuus coram latrone viator.

칸타비트 바쿠우스 코람 라트로네 비아토르.

140

Carpe diem, quam minimum credulus postero.

카르페 디엠, 쾀 미니뭄 크레둘루스 포스테로.

오늘을 즐기라, 내일은 가능하면 믿지 말라.

카르페 디엠, 쾀 미니뭄 크레둘루스 포스테로.

✱ **카시오페이아 Cassiopeia**
그리스 신화에 나오는 에티오피아의 왕 케페우스의 비(妃). 자기의 미모를 자랑하다가 해신(海神) 포세이돈의 노여움을 사서 딸 안드로메다를 해신에게 바쳤으며, 하늘에 옮겨져 별자리가 되었다고 한다.

141

Cave tibi cane muto.

카베 티비 카네 무토.

짖지 않는 개를 조심하라.

Cave tibi cane muto.

카베 티비 카네 무토.

142

Celsae graviore casu decidunt turres.

켈사이 그라비오레 카수 데키둔트 투레스.

드높은 탑일수록 더 무섭게 무너진다.
(높은 지위에 있을수록 몰락할 때 충격이 더 크다.)

Celsae graviore casu decidunt turres.

켈사이 그라비오레 카수 데키둔트 투레스.

✱ 포세이돈 Poseidon

그리스 신화에 나오는 바다, 강, 샘을 지배하는 신. 크로노스와 레아의 아들이며 제우스의 형이다. 올림포스 12신 가운데 하나로 바다 밑의 궁전에 살면서 황금 갈기를 가진 말을 타고 바다를 건너다니고 세 갈래의 창으로 바다와 육지를 들어 올려 지진을 일으킨다고 한다. 로마 신화의 넵투누스에 해당한다.

143　Certa amittimus, dum incerta petimus.

케르타 아미티무스, 둠 인케르타 페티무스.

불확실한 것을 쫓다가 확실한 것을 놓친다.

144 Citius, altius, fortius!

키티우스, 알티우스, 포르티우스!

더 빨리, 더 높게, 더 힘차게!

Citius, altius, fortius!

키티우스, 알티우스, 포르티우스!

✖ **넵투누스 Neptunus**
로마 신화에 나오는, 바다·강·샘을 지배하는 신. 그리스 신화의 포세이돈에 해당한다.

145

Comes jucundus in via pro vehiculo est.

코메스 유쿤두스 인 비아 프로 베히쿨로 에스트.

재미있는 동행인은 수레에 버금간다.

Comes jucundus in via pro vehiculo est.

코메스 유쿤두스 인 비아 프로 베히쿨로 에스트.

✱ 스핑크스 Sphinx
그리스 신화에 나오는 괴물. 상반신은 여자이고 하반신은 날개가 돋친 사자의 모습으로, 행인에게 수수께끼를 내어 풀지 못하면 죽였다고 한다.

146

Communiter negligitur,
quod communiter possidetur.

콤무니테르 네글리기투르,
쿼드 콤무니테르 포시데투르.

모두의 것은 모두가 소홀히 한다.

콤무니테르 네글리기투르,
쿼드 콤무니테르 포시데투르.

147

Concordia parvae res crescunt,
discordia maximae dilabuntur.

**콘코르디아 파르바이 레스 크레스쿤트,
디스코르디아 막시마이 딜라분투르.**

화목을 양분으로 작은 일이 크게 성장하고, 불화를 양분으로 큰 일이 파괴된다.

Concordia parvae res crescunt,
discordia maximae dilabuntur.

**콘코르디아 파르바이 레스 크레스쿤트,
디스코르디아 막시마이 딜라분투르.**

Conscientia mille testes.

콘스키엔티아 밀레 테스테스.

양심은 천 명의 증인과 같다.

콘스키엔티아 밀레 테스테스.

✼ 페가수스 Pegasus
그리스 신화에 나오는 날개 돋친 천마(天馬). 페르세우스가 메두사의 목을 자를 때 떨어지는 핏방울에서 생겼다 하며, 영웅 벨레로폰의 애마(愛馬)로 활약하였고, 그 뒤 하늘에 올라 별자리가 되었다 한다.

149

Consultor homini tempus utilissimus est.

콘술토르 호미니 템푸스 우틸리시무스 에스트.

세월이 가장 뛰어난 상담사다.
(시간이 흘러 쌓이는 경험이 어떤 조언보다도 값지다.)

콘술토르 호미니 템푸스 우틸리시무스 에스트.

150

Crambe bis cocta.

크람베 비스 콕타.

다시 삶은 양배추.

(헛된 짓을 하다.)

Crambe bis cocta.

크람베 비스 콕타.

✱ 벨레로폰 Bellerophon

그리스 신화에 나오는 영웅. 신마(神馬) 페가수스를 타고 온갖 모험을 하여 공을 세워 왕이 되었으나, 나중에 페가수스를 타고 천상계로 오르려다가 제우스의 노여움을 사 벼락에 맞아 죽었다고도 하고, 말에서 떨어져 불구가 되어 죽었다고도 전한다.

Crede quod habes, et habes.

크레데 쿼드 하베스, 에트 하베스.

가지고 있다고 믿어라, 그럼 가진 것이다.

(확신과 신념이야말로 가장 큰 무기이다.)

크레데 쿼드 하베스, 에트 하베스.

✱ 키마이라 Chimaera
그리스 신화에 나오는 기이한 짐승. 머리는 사자, 몸통은 양, 꼬리는 뱀 또는 용의 모양을 하고 있으며 불을 내뿜는다고 한다.

152

Crescit amor nummi quantum ipsa pecunia crescit.

**크레스키트 아모르 눔미 콴툼 입사
페쿠니아 크레스키트.**

돈에 대한 욕망은 돈이 많아질수록 커진다.

Crescit amor nummi quantum ipsa pecunia crescit.

**크레스키트 아모르 눔미 콴툼 입사
페쿠니아 크레스키트.**

153 Cucullus non facit monachum.

쿠쿨루스 논 파키트 모나쿰.

수도복이 수도사를 만드는 것은 아니다.

Cucullus non facit monachum.

쿠쿨루스 논 파키트 모나쿰.

154

Cura pii dis sunt.

쿠라 피 디스 순트.

경건한 자들은 신들이 보살핀다.

Cura pii dis sunt.

쿠라 피 디스 순트.

✖ 켄타우로스 Centauros
그리스 신화에 나오는 괴물. 상반신은 인간이고 하반신은 말인 야만적인 종족으로 테살리아의 페리온산에 살았는데 그 성질이 음란하고 난폭하였다고 한다. 로마 신화의 켄타우루스에 해당한다.

155 Cutem gerit laceratam canis mordax.

쿠템 게리트 라케라탐 카니스 모르닥스.

물기 좋아하는 개는 가죽이 성할 날이 없다.

Cutem gerit laceratam canis mordax.

쿠템 게리트 라케라탐 카니스 모르닥스.

156 Damnosa quid non imminuit dies?

담노사 퀴드 논 임미누이트 디에스?

강력한 세월이 그 무엇인들 파괴하지 못할 것인가?

(세월 앞에 장사 없다.)

Damnosa quid non imminuit dies?

담노사 퀴드 논 임미누이트 디에스?

✹ 켄타우루스 Centaurus
로마 신화에 나오는 괴물. 그리스 신화의 켄타우로스에 해당한다.

157

Dat Deus immiti cormua curta bovi.

다트 데우스 임미티 코르무아 쿠르타 보비.

신께서 사나운 소에게는 짧은 뿔을 주신다.

Dat Deus immiti cormua curta bovi.

다트 데우스 임미티 코르무아 쿠르타 보비.

158 De asini umbra disceptare.

데 아시니 움브라 디스켑타레.

당나귀 그림자를 놓고 논쟁하기.

(쓸데없는 짓.)

De asini umbra disceptare.

데 아시니 움브라 디스켑타레.

✖ 메데이아 Medeia

그리스 신화에 나오는 콜키스 왕의 딸. 금털의 양피(羊皮)를 취하러 자기 나라에 온 이아손을 사랑하여 그를 도와준 후 함께 도망하였는데, 이아손이 그라우케와 결혼하려 하자 이아손과의 사이에서 난 아들과 그라우케를 죽이고 아테네로 도망간다.

Delphinum natare doces.

델피눔 나타레 도케스.

돌고래에게 수영하는 법 가르치기.

델피눔 나타레 도케스.

160

De quibus ignoras tace.

데 퀴부스 이그노라스 타케.

모르는 것에 대해서는 입을 다물라.

De quibus ignoras tace.

데 퀴부스 이그노라스 타케.

✖ 이아손 Iason

그리스 신화에 나오는 인물. 테살리아의 왕자로 숙부 펠리아스로부터 부친의 왕국을 되찾기 위하여 금으로 된 양모피를 얻고자 아르고선(船) 원정대를 이끌고 모험의 항해를 하였다.

161

Desunt inopiae multa, avaritiae omnia.

데순트 이노피아이 물타, 아바리티아이 옴니아.

가난한 자에게는 많은 것이 없고, 인색한 자에게는 아무것도 없다.

Desunt inopiae multa, avaritiae omnia.

데순트 이노피아이 물타, 아바리티아이 옴니아.

Deus cuique dura cupido sua fit.

데우스 쿠이쿠에 두라 쿠피도 수아 피트.

자신이 품은 가장 강한 욕망이 곧 신이 된다.

(내면의 욕망이 외부의 신보다 더 지배적인 힘이 된다.)

Deus cuique dura cupido sua fit.

데우스 쿠이쿠에 두라 쿠피도 수아 피트.

✱ **멜레아그로스 Meleagros**
그리스 신화에 나오는 영웅. 카리돈의 왕 오이네우스의 아들로, 태어날 때 화로 속의 나무가 다 타면 생명이 다할 것이라는 예언이 있어 어머니 알타이아가 화롯불을 끄고 나무를 보존하였으나, 자신의 공을 시기한 외삼촌을 죽이는 바람에 화가 난 알타이아가 나무를 태워 그를 죽였다고 한다.

163

Dimidium scientiae, prudens quaestio.

디미디움 스키엔티아이, 프루덴스 콰이스티오.

지혜로운 질문은 지식의 절반을 차지한다.

디미디움 스키엔티아이, 프루덴스 콰이스티오.

164

Discipulus est prioris posterior dies.

디스키풀루스 에스트 프리오리스 포스테리오르 디에스.

미래는 과거의 제자이다.

Discipulus est prioris posterior dies.

디스키풀루스 에스트 프리오리스 포스테리오르 디에스.

✖ 아탈란타 Atalanta

그리스 신화에 나오는 발이 빠른 여자 사냥꾼. 구혼자들과 경주하여 모두 물리치고 죽였으나, 멜라니온의 책략에 넘어가 결국 결혼하게 된다. 후에 여신 아프로디테가 사자로 변신시켰다.

165

Donec eris felix, multos numerabis amicos;
Tempora si fuerint nubila, solus eris.

**도네크 에리스 펠릭스, 물토스 누메라비스 아미코스;
템포라 시 푸에린트 누빌라, 솔루스 에리스.**

네가 행운과 함께할 때는 수많은 친구가 곁에 있을 것이다. 하지만 네가 불운과 함께할 때는 외로움 속에 있을 것이다.

도네크 에리스 펠릭스, 물토스 누메라비스 아미코스;
템포라 시 푸에린트 누빌라, 솔루스 에리스.

166

Ducunt volentem fata, nolentem trahunt.

두쿤트 볼렌템 파타, 놀렌템 트라훈트.

숙명은 원하는 자를 인도하고, 원치 않는 자는 끌고 간다.

Ducunt volentem fata, nolentem trahunt.

두쿤트 볼렌템 파타, 놀렌템 트라훈트.

✖ 헤베 **Hebe**

그리스 신화에 나오는 청춘의 여신. 제우스와 헤라의 딸로, 신들에게 술을 따라 주는 시녀이다. 로마 신화의 유벤타스에 해당한다.

167

Dum spiro, spero.

둠 스피로, 스페로.

살아 있는 한, 희망이 함께한다.

둠 스피로, 스페로.

168

Dum vitant, stulti vitia in contraria currunt.

둠 비탄트, 스툴티 비티아 인 콘트라리아 쿠룬트.

어리석은 자들은 병폐를 피한다면서도 그를 향해 나아간다.

Dum vitant, stulti vitia in contraria currunt.

둠 비탄트, 스툴티 비티아 인 콘트라리아 쿠룬트.

✖ **유벤타스 Juventas**
로마 신화에 나오는 청춘의 여신. 그리스 신화의 헤베에 해당한다.

169 Durum telum est necessitas.

두룸 텔룸 에스트 네케시타스.

필요는 가장 강한 창검이다.

Durum telum est necessitas.

두룸 텔룸 에스트 네케시타스.

170

Epistola non erubescit.

에피스톨라 논 에루베스키트.

편지는 얼굴을 붉히지 않는다.

(말하는 것과 달리, 글로는 냉정하게 뜻을 전할 수 있다.)

Epistola non erubescit.

에피스톨라 논 에루베스키트.

✱ **가니메데스 Ganymedes**
그리스 신화에 나오는 젊은 목동. 트로이의 미소년으로, 제우스는 그에게 반해 독수리로 변신하여 그를 하늘로 납치해 갔다. 천상에 가서는 신들의 술 시중을 들었다.

171

Ergo sollicitae tu causa, pecunia, vitae es,
per te immaturum mortis adimus iter.

에르고 솔리키타이 투 카우사, 페쿠니아, 비타이 에스,
페르 테 임마투룸 모르티스 아디무스 이테르.

돈이여, 너는 인생의 애환의 근원이니, 너로 인해 우리는 저승길로 서둘러 가는구나.

에르고 솔리키타이 투 카우사, 페쿠니아, 비타이 에스,
페르 테 임마투룸 모르티스 아디무스 이테르.

172

Esse oportet ut vivas, non vivereut edas.

에세 오포르테트 우트 비바스, 논 비베레우트 에다스.

먹기 위해 살지 말고, 살기 위해 먹으라.

에세 오포르테트 우트 비바스, 논 비베레우트 에다스.

✱ **테세우스 Theseus**
그리스 신화에 나오는 아티카의 영웅. 크레타섬의 미궁(迷宮)에서 괴수 미노타우로스를 물리치고 아마존을 정복하여 아테네를 융성하게 하였다.

173

Est proprium stultitiae aliorum cernere vitia, oblivisci suorum.

에스트 프로프리움 스툴티티아이 알리오룸 케르네레 비티아, 오블리비스키 수오룸.

타인의 허물을 들춰내고 자신의 허물을 감추는 것이야말로 어리석은 자들의 특성이다.

에스트 프로프리움 스툴티티아이 알리오룸 케르네레 비티아, 오블리비스키 수오룸.

174

Ex vitio alterius sapiens emendat suum.

엑스 비티오 알테리우스 사피엔스 에멘다트 숨.

어진 사람은 다른 이의 좋지 못한 습관에서 자신의 잘못을 고친다.

엑스 비티오 알테리우스 사피엔스 에멘다트 숨.

✱ **미노타우로스 Minotauros**

그리스 신화에 나오는, 사람의 몸에 소의 머리를 가진 괴물. 크레타섬의 왕 미노스의 아내가 소와 정교(情交)하여 낳았다. 미노스에 의하여 미궁(迷宮)에 갇혔으며 후에 테세우스에게 살해되었다.

175

Fato prudentia major.

파토 프루덴티아 마요르.

지혜는 운명보다 위대하다.

176

Festina lente.
페스티나 렌테.

천천히 서두르라.

Festina lente.

페스티나 렌테.

✱ **미노스 Minos**
그리스 신화에 나오는, 크레타섬의 전설적인 왕. 제우스와 에우로페의 아들로, 법을 제정하고 선정(善政)을 베풀었으며, 죽어서는 저승의 재판관이 되었다 한다.

177

Fidem qui perdit perdere ultra nil potest.

피뎀 퀴 페르디트 페르데레 울트라 닐 포테스트.

신용을 잃은 자는 더 이상 잃을 것이 없다.

Fidem qui perdit perdere ultra nil potest.

피뎀 퀴 페르디트 페르데레 울트라 닐 포테스트.

178

Fons prima decipit multos.

폰스 프리마 데키피트 물토스.

처음 솟는 샘물은 많은 사람을 속인다.

(사람은 사귀어 봐야 안다.)

Fons prima decipit multos.

폰스 프리마 데키피트 물토스.

✱ **다이달로스 Daedalos**

그리스 신화에 나오는 명장(名匠). 미노스를 위하여 미궁(迷宮)을 만들었는데, 그의 노여움을 사서 아들 이카로스와 함께 투옥되었으나 뒤에 날개를 만들어 탈출에 성공하였다.

179

Forma flos, fama flatus.

포르마 플로스, 파마 플라투스.

아름다움은 꽃과 같고, 명예는 바람과 같다.

포르마 플로스, 파마 플라투스.

180

Fortuna opes auferre, non animum potest.

포르투나 오페스 아우페레, 논 아니뭄 포테스트.

운명은 재산을 빼앗아 갈 수 있지만, 정신은 빼앗아 갈 수 없다.

Fortuna opes auferre, non animum potest.

포르투나 오페스 아우페레, 논 아니뭄 포테스트.

✳ **이카로스 Icaros**
그리스 신화에 나오는 인물. 다이달로스의 아들로, 아버지와 함께 백랍(白蠟)으로 만든 날개를 달고 미궁을 탈출하다가 태양에 너무 접근하는 바람에 날개가 녹아 바다에 떨어져 죽었다.

181

Fugaces labuntur anni.

푸가케스 라분투르 안니.

세월은 도망치듯 흘러간다.

푸가케스 라분투르 안니.

182

Genus est mortis male vivere.

게누스 에스트 모르티스 말레 비베레.

못된 삶은 죽음의 일종이다.

Genus est mortis male vivere.

게누스 에스트 모르티스 말레 비베레.

✖ **카스토르 Castor**
그리스 신화에 나오는 제우스와 레다의 아들. 항해자의 수호신으로 마술에 능하였다고 하며, 폴리데우케스와 쌍둥이 형제이다.

183 Hodie, non cras.

호디에, 논 크라스.

내일 말고 오늘 하라.

Hodie, non cras.

호디에, 논 크라스.

184 **Hodie tibi, cras mihi.**

호디에 티비, 크라스 미히.

오늘은 너의 날, 내일은 나의 날.

Hodie tibi, cras mihi.

호디에 티비, 크라스 미히.

✖ 폴리데우케스 Polydeuces

그리스 신화에 나오는 영웅. 제우스와 레다의 아들로 불사신이었으며, 지하의 신이었던 쌍둥이 형제 카스토르와 하루씩 번갈아 가며 생활하였다고 한다.

185

Hominis vita nihil aliud quam ad mortem iter.

호미니스 비타 니힐 알리우드 쾀 아드 모르템 이테르.

인생이란, 죽음을 향해 나아가는 여행에 다름 아니다.

Hominis vita nihil aliud quam ad mortem iter.

호미니스 비타 니힐 알리우드 쾀 아드 모르템 이테르.

186

Homo extra est corpus suum quum irascitur.

호모 엑스트라 에스트 코르푸스 수움 쿠움 이라스키투르.

사람은 분노할 때 자기 몸 밖에 머문다.

(화를 내면 통제력을 잃는다.)

Homo extra est corpus suum quum irascitur.

호모 엑스트라 에스트 코르푸스 수움 쿠움 이라스키투르.

✖ **아리아드네 Ariadne**
그리스 신화에 나오는 크레타섬의 왕 미노스의 딸. 아테네의 왕자 테세우스에게 버림을 받고, 디오니소스의 아내가 되었다.

187

Honesta paupertas prior quam opes malae.

호네스타 파우페르타스 프리오르 쾀 오페스 말라이.

착한 가난이 악한 부유함보다 낫다.

188

Ignavis sempaer feriae sunt.

이그나비스 셈파이르 페리아이 순트.

게으른 자의 달력은 모두 휴일이다.

이그나비스 셈파이르 페리아이 순트.

.

✖ 에리니에스 Erinyes
그리스 신화에 나오는 복수와 징벌의 세 여신. 알렉토·티시포네·메가이라로, 뱀의 머리를 하고 두 날개가 있으며 눈에는 피가 흐르는 형상을 하고 있다.

189

Ignis aurum probat, miseria fortes viros.

이그니스 아우룸 프로바트, 미세리아 포르테스 비로스.

불은 금을 단련시키고, 불행은 용감한 사람을 단련시킨다.

이그니스 아우룸 프로바트, 미세리아 포르테스 비로스.

190

Imperare sibi maximum est imperium.

임페라레 시비 막시뭄 에스트 임페리움.

스스로를 지배하는 것이야말로 최고의 통치다.

Imperare sibi maximum est imperium.

임페라레 시비 막시뭄 에스트 임페리움.

✖ **아킬레우스 Achilleus**
그리스 신화에 나오는 영웅. 걸음이 몹시 빠르며 트로이 전쟁 때 활약하였다. 불사신이었으나 트로이 왕자 파리스에게 유일한 약점인 발뒤꿈치에 화살을 맞아 죽었다고 한다.

191

Infra tuam pelliculam te contine.

인프라 투암 펠리쿨람 테 콘티네.

네 처지보다 낮은 곳에 머물라.

Infra tuam pelliculam te contine.

인프라 투암 펠리쿨람 테 콘티네.

192

In pace leones saepe in proelio cervi sunt.

인 파케 레오네스 사이페 인 프로엘리오 케르비 순트.

평화 시대의 사자들이 전쟁이 일어나면 사슴으로 변한다.

In pace leones saepe in proelio cervi sunt.

인 파케 레오네스 사이페 인 프로엘리오 케르비 순트.

✖ **알케스티스 Alcestis**
그리스 신화에 나오는 신. 테살리아의 왕 아드메토스의 왕비. 남편 대신 죽었으나 헤라클레스가 이승으로 데려왔다고 한다.

Iram qui vincit, hostem superat maximum.

이람 퀴 빈키트, 호스템 수페라트 막시뭄.

분노를 이기는 이야말로 가장 강한 적을 극복한 것이다.

이람 퀴 빈키트, 호스템 수페라트 막시뭄.

194

Labor juventuti optimum est obsonium.

라보르 유벤투티 옵티뭄 에스트 옵소니움.

젊은 시절 최고의 반찬은 노동이다.

Labor juventuti optimum est obsonium.

라보르 유벤투티 옵티뭄 에스트 옵소니움.

✖ **아드메토스 Admetos**
그리스 신화에서 테살리아 페라이의 왕 페레스의 아들.

195 Labor optimos citat.
라보르 옵티모스 키타트.

노력은 최선의 결과를 만들어 낸다.

라보르 옵티모스 키타트.

✖ **펠레우스 Peleus**
그리스 신화에 나오는 영웅. 테살리아의 프티아 국왕으로, 여러 가지로 모습을 바꾸는 바다의 여신 테티스를 붙잡아 아내로 삼고 아킬레우스를 낳았다고 한다.

196

Legum idcirco servi sumus,
ut liberi esse possemus.

레굼 이드키르코 세르비 수무스,
우트 리베리 에세 포세무스.

우리는 자유인이 되기 위해 기꺼이 법률의 노예가 된다.

레굼 이드키르코 세르비 수무스,
우트 리베리 에세 포세무스.

197

Leone fortior fides.

레오네 포르티오르 피데스.

믿음은 사자보다도 강하다.

198

Levis est dolor qui capereconsilium potest.

레비스 에스트 돌로르 퀴 카페레콘실리움 포테스트.

함께 상의할 데가 있는 고통은 가볍다.

Levis est dolor qui capereconsilium potest.

레비스 에스트 돌로르 퀴 카페레콘실리움 포테스트.

✱ **테티스 Thetis**
그리스 신화에 나오는 바다의 여신. 바다의 신 네레우스의 딸로 영웅 펠레우스와 결혼하여 아킬레우스를 낳았다.

199

Luxuria saevior armis.

룩수리아 사이비오르 아르미스.

무기보다 더 무서운 것이 사치다.

200 Magna servitus est magna fortuna.

마그나 세르비투스 에스트 마그나 포르투나.

커다란 자산은 커다란 종살이다.

(재산이 많으면 걱정도 많다.)

Magna servitus est magna fortuna.

마그나 세르비투스 에스트 마그나 포르투나.

✖ **테티스 Tethys**
그리스 신화에 나오는 여신. 우라노스의 딸이며 오케아노스의 아내이다.

Medicus curat, natura sanat.

메디쿠스 쿠라트, 나투라 사나트.

의사는 치료하고, 자연은 건강을 준다.

Medicus curat, natura sanat.

메디쿠스 쿠라트, 나투라 사나트.

202 Memento mori!

메멘토 모리!

죽음을 기억하라!

Memento mori!

메멘토 모리!

✖ **안티고네 Antigone**
그리스 신화에 나오는 오이디푸스의 딸. 금지령을 어기고 오빠의 시체를 땅에 묻었다가 생매장을 당하였다.

Mendacem memorem esse oportet.

멘다켐 메모렘 에세 오포르테트.

기억력이 가장 좋아야 하는 자는 거짓말쟁이다.

Mendacem memorem esse oportet.

멘다켐 메모렘 에세 오포르테트.

204

Aliis si licet, tibi non licet.

알리스 시 리케트, 티비 논 리케트.

다른 이들에게 허용된다고 해서, 너에게도 허용되는 건 아니다.

알리스 시 리케트, 티비 논 리케트.

✱ **오이디푸스 Oedipus**
그리스 신화에 나오는 테베의 왕 라이오스와 이오카스테의 아들. 부왕(父王)을 죽이고 생모(生母)와 결혼하게 되리라는 아폴론의 신탁(神託) 때문에 버려졌으나 결국 신탁대로 되자, 스스로 두 눈을 빼고 방랑하였다. 스핑크스의 수수께끼를 풀었다고 한다.

205

Misce stultitiam consiliis brevem.

미스케 스툴티티암 콘실리스 브레벰.

가득한 총명함 속에 어리석음을 살짝 첨가하라.

Misce stultitiam consiliis brevem.

미스케 스툴티티암 콘실리스 브레벰.

✖ **이오카스테 Iocaste**
그리스 신화에 나오는 인물. 라이오스의 왕비이며 오이디푸스의 어머니로 나중에 아들의 아내가 되는 운명에 놓이자 자살하였다.

206

Molestum est ferre invidiam, sed multo molestius nihil habere invidendum.

**몰레스툼 에스트 페레 인비디암, 세드 물토
몰레스티우스 니힐 하베레 인비덴둠.**

질투를 받으면 짜증이 나지만, 질투 받을 일이 하나도 없으면 짜증이 머리끝까지 치솟는다.

몰레스툼 에스트 페레 인비디암, 세드 물토
몰레스티우스 니힐 하베레 인비덴둠.

Mos est tyrannus.

모스 에스트 티란누스.

풍습은 폭군이다.

(유행은 지성인을 비웃는다.)

모스 에스트 티란누스.

208

Multos timere debet quem multi timent.

물토스 티메레 데베트 쿠엠 물티 티멘트.

뭇사람들이 두려워하는 이는 뭇사람들을 두려워해야 한다.

Multos timere debet quem multi timent.

물토스 티메레 데베트 쿠엠 물티 티멘트.

✱ **페넬로페 Penelope**
그리스 신화에 나오는 오디세우스의 아내. 남편이 트로이 전쟁에 출정하여 돌아올 때까지 20년 동안 많은 귀족에게 구혼을 받았으나 모두 물리치고, 끝까지 정절을 지켰다고 한다.

209

Mutum est pictura poema.

무툼 에스트 픽투라 포에마.

그림은 말 없는 시다.

Mutum est pictura poema.

무툼 에스트 픽투라 포에마.

210

Nam sera nunquam est ad bonosd mores via.

남 세라 눈쾀 에스트 아드 보노스드 모레스 비아.

좋은 삶으로 가는 길은 결코 늦는 법이 없다.

Nam sera nunquam est ad bonosd mores via.

남 세라 눈쾀 에스트 아드 보노스드 모레스 비아.

✖ 오디세우스 **Odysseus**
그리스 신화에 나오는 영웅. 이타카의 왕으로 트로이 전쟁에서 목마의 배 안에 군사를 숨기는 계략을 써 그리스군을 승리로 이끌었다.

211

Nec amor, nec tussis celatur.

네크 아모르, 네크 투시스 켈라투르.

사랑과 기침은 숨길 수 없다.

네크 아모르, 네크 투시스 켈라투르.

212

Nec habeo, nec careo, nec curo.

네크 하베오, 네크 카레오, 네크 쿠로.

가진 것도 없고, 없는 것도 없고, 걱정도 없다.

Nec habeo, nec careo, nec curo.

네크 하베오, 네크 카레오, 네크 쿠로.

✖ 오르페우스 Orpheus

그리스 신화에 나오는 시인·음악가. 아폴론에게 하프를 배워 그 명수가 되었는데, 그가 하프를 연주하면 맹수들과 초목까지도 매료되었다고 한다. 아내 에우리디케를 명부(冥府)에서 데려오고자 하였으나 하데스의 금령(禁令)을 어겨 실패하였다.

213

Silent leges inter arma.

실렌트 레게스 인테르 아르마.

전쟁 중에 법은 말이 없다.

실렌트 레게스 인테르 아르마.

214

Mater omnium bonarum artium sapientia est.

마테르 옴니움 보나룸 아르티움 사피엔티아 에스트.

모든 예술의 원천은 지혜이다.

Mater omnium bonarum artium sapientia est.

마테르 옴니움 보나룸 아르티움 사피엔티아 에스트.

✱ **무세이온 Museion**
그리스 신화에서, 학예의 신 무사의 궁전이라는 뜻으로, 기원전 3세기 초 프톨레마이오스 이세가 알렉산드리아에 설치한 왕실 부속 연구소. 각지에서 초청된 학자들이 자연 과학과 문헌학을 연구·강의하였으며, 헬레니즘 시대 학문 연구의 중심이 되었다.

Animum fortuna sequitur.

아니뭄 포르투나 세퀴투르.

행운은 용기를 따라간다.

아니뭄 포르투나 세퀴투르.

216

Malo me vinci quam vincere.

말로 메 빈키 쾀 빈케레.

나는 이기기보다 오히려 지는 편을 원한다.

Malo me vinci quam vincere.

말로 메 빈키 쾀 빈케레.

✖ **멜람푸스 Melampus**
그리스 신화에 나오는 예언자. 살려 준 뱀이 그의 귀를 핥아 모든 생물의 말을 이해하는 능력과 예언하는 능력을 얻었다고 한다.

217

Flectere si nequeo superos, acheronta movebo.

**플렉테레 시 네쿠에오 수페로스,
아케론타 모베보.**

신들을 움직일 수 없다면, 지옥을 움직이겠다.

(목표를 이루기 위해 모든 노력을 다 하겠다.)

Flectere si nequeo superos,
acheronta movebo.

플렉테레 시 네쿠에오 수페로스,
아케론타 모베보.

218

Manus manum lavat.

마누스 마눔 라바트.

손이 손을 씻는다.
(상부상조)

Manus manum lavat.

마누스 마눔 라바트.

✽ **엔디미온 Endymion**
그리스 신화에 나오는 양치기 미소년(美少年). 달의 여신 셀레네가 누구의 방해도 받지 않고 그의 아름다움을 즐기려고 영원히 잠들게 하였다고 한다.

219

Ubi fuerit superbia, ibi erit et contumelia;
ubi autem humilitas, ibi et sapientia.

우비 푸에리트 수페르비아, 이비 에리트 에트 콘투멜리아;
우비 아우템 후밀리타스, 이비 에트 사피엔티아.

교만이 있는 곳에는 모욕도 있고, 겸손이 있는 곳에는 지혜도 있다.

우비 푸에리트 수페르비아, 이비 에리트 에트 콘투멜리아;
우비 아우템 후밀리타스, 이비 에트 사피엔티아.

220 A bove majori discit arare minor.

아 보베 마요리 디스키트 아라레 미노르.

송아지는 황소에게서 쟁기질을 배운다.
(아이들은 어른을 따라 한다.)

아 보베 마요리 디스키트 아라레 미노르.

✱ **오리온 Orion**
그리스 신화에 나오는 거인 사냥꾼.

221 Vivere est vincere.

비베레 에스트 빈케레.

사는 것은 이기는 것이다.

Vivere est vincere.

비베레 에스트 빈케레.

222

Nulla mihi res posthac potest jam intervenire.

눌라 미히 레스 포스트하크 포테스트 얌 인테르베니레.

앞으로는 그 무엇도 내 앞을 가로막을 수 없다.

Nulla mihi res posthac potest jam intervenire.

눌라 미히 레스 포스트하크 포테스트 얌 인테르베니레.

✺ **에오스 Eos**

그리스 신화에 나오는 새벽의 여신. 아침 해가 뜰 때 장밋빛 손가락으로 밤의 포장을 연다고 한다. 로마 신화의 아우로라에 해당한다.

223

Nihil intersum adbeate vivendum,
utrum hic an illic nati simus.

니힐 인테르숨 아드베아테 비벤둠,
우트룸 히크 안 일리크 나티 시무스.

우리가 여기서 났건 저기서 났건, 그건 우리가 행복하게 살아가는 데 아무런 영향도 끼치지 못한다.

니힐 인테르숨 아드베아테 비벤둠,
우트룸 히크 안 일리크 나티 시무스.

224

Plato mihi unus instar est centum milium.

플라토 미히 우누스 인스타르 에스트 켄툼 밀리움.

플라톤 한 사람이 내게는 마치 만 명처럼 다가온다.

플라토 미히 우누스 인스타르 에스트 켄툼 밀리움.

✖ **아우로라 Aurora**

로마 신화에 나오는 새벽의 여신. 그리스 신화의 에오스에 해당한다.

Omnibus innatum est esse deos.

옴니부스 인나툼 에스트 에세 데오스.

모든 사람은 신성(神性)을 타고났다.

226

Uno opere eandem incudem tundere.

우노 오페레 에안뎀 인쿠뎀 툰데레.

한 가지 일을 꾸준히 계속하라.

Uno opere eandem incudem tundere.

우노 오페레 이안뎀 에안뎀 툰데레.

✖ 티토노스 Tithonos

그리스 신화에 나오는 트로이의 왕자. 새벽의 여신 에오스의 사랑을 받아 불사(不死)의 몸이 되었으나, 늙어 목소리만 남게 되자 매미가 되었다.

Fiat justitia, ruat caelum.

피아트 유스티티아, 루아트 카일룸.

하늘이 무너지더라도 정의는 행하라.

Fiat justitia, ruat caelum.

피아트 유스티티아, 루아트 카일룸.

228

Summum ius summa iniuria.

숨뭄 유스 숨마 이뉴리아.

법이 많을수록, 정의는 적다.

숨뭄 유스 숨마 이뉴리아.

✖ **갈라테이아 Galateia**
그리스 신화에 나오는 바다의 요정. 네레우스와 도리스의 딸로, 외눈박이 거인 폴리페모스의 사랑을 거절하였다가 괴물이 그녀의 애인 아키스를 죽이자 아키스를 강(江)으로 만들었다.

229 Malo accepto stultus sapit.

말로 악켑토 스툴투스 사피트.

나쁜 일을 겪으면 어리석은 자도 지혜를 얻게 된다.

Malo accepto stultus sapit.

말로 악켑토 스툴투스 사피트.

✖ **아가멤논 Agamemnon**
그리스 신화에 나오는 미케네의 왕. 그리스군의 총지휘관으로 출정하여 트로이 전쟁을 승리로 이끌었다.

230

Quia omnis qui se exaltat humiliabitur;
et qui se humiliat exaltabitur.

퀴아 옴니스 퀴 세 엑살타트 후밀리아비투르;
에트 퀴 세 후밀리아트 엑살타비투르.

자신을 높이는 자는 낮아질 것이고, 자신을 낮추는 자는 높아질 것이다.

퀴아 옴니스 퀴 세 엑살타트 후밀리아비투르;
에트 퀴 세 후밀리아트 엑살타비투르.

Variis imbuimur erroribus.

바리스 임부이무르 에로리부스.

우리는 여러 오류에 물들고 있다.

Non est eadem fortuna atque conditio.

논 에스트 에아뎀 포르투나 아트쿠에 콘디티오.

행운은 지위와 동일한 것이 아니다.

논 에스트 에아뎀 포르투나 아트쿠에 콘디티오.

✱ **오레스테스 Orestes**

그리스 신화에 나오는 신. 아가멤논과 클리템네스트라의 아들로, 아버지를 죽인 어머니와 그 정부(情夫)를 살해한 죄로 복수의 신에게 쫓겨 미쳤으나 다시 회복하여 부왕(父王)의 뒤를 이었다고 한다.

233

Nimia familiaritas parit contemptum.

니미아 파밀리아리타스 파리트 콘템프툼.

지나친 친절은 멸시를 낳는다.

Nimia familiaritas parit contemptum.

니미아 파밀리아리타스 파리트 콘템프툼.

234 Annulus tenuatur habendo.

안눌루스 테누아투르 하벤도.

반지는 늘 끼고 있으면 가늘어진다.
(늘 곁에 있으면 존재감이 사라지기 마련이다.)

Annulus tenuatur habendo.

안눌루스 테누아투르 하벤도.

✳ **클리타임네스트라 Clytaemnestra**
그리스 신화에 나오는 여인. 미케네 왕 아가멤논의 아내로, 아이기스토스와 밀통하고 남편을 살해하였다. 후에 아들 오레스테스에게 살해되었다.

235

Vasa vana plurimum sonant.

바사 바나 플루리뭄 소난트.

빈 그릇이 가장 큰 소리를 낸다.

(빈 수레가 요란하다.)

바사 바나 플루리뭄 소난트.

Fortes fortuna adjuvat.

포르테스 포르투나 아드유바트.

운명은 용감한 자를 돕는다.

Fortes fortuna adjuvat.

포르테스 포르투나 아드유바트.

✖ **아이기스토스 Aegisthos**

그리스 신화에 나오는 인물. 사촌 형 아가멤논의 아내 클리타임네스트라와 정을 통하고 사촌 형을 죽여, 그 아들 오레스테스에게 살해당하였다.

Pro deorum atque hominum fidem.

프로 데오룸 아트쿠에 호미눔 피뎀.

신과 사람들의 도움으로!

(천우신조)

Pro deorum atque hominum fidem.

프로 데오룸 아트쿠에 호미눔 피뎀.

Ex amicis inimici existunt.

엑스 아미키스 이니미키 엑시스툰트.

친구가 원수로 변한다.

엑스 아미키스 이니미키 엑시스툰트.

✖ **엘렉트라 Electra**
그리스 신화에 나오는 아가멤논의 딸. 동생 오레스테스로 하여금 아버지를 죽인 어머니와 그 간부(姦夫)를 죽이게 하였다.

239

Tempus fugit, amor manet.

템푸스 푸기트, 아모르 마네트.

시간이 흘러도 사랑은 남는다.

240

Suppressio veri, expressio falsi.

수프레시오 베리, 엑스프레시오 팔시.

진실을 숨기는 것은 곧 거짓을 드러내는 것이다.

Suppressio veri, expressio falsi.

수프레시오 베리, 엑스프레시오 팔시.

✖ **키클롭스 Cyclops**
그리스 신화에 나오는 거인족. 이마 한가운데 눈이 있는데, 사람을 먹고 양을 기르며 대장일에 능하다. 그들 가운데 폴리페모스가 오디세우스에게 눈을 찔려 맹인(盲人)이 된 이야기가 유명하다.

241

Stultitia excusationem non habet.

스툴티티아 엑스쿠사티오넴 논 하베트.

미련함에는 변명의 여지가 없다.

242

Circumspice etiam.

키르쿰스피케 에티암.

주위를 다시 한번 살펴보라.

Circumspice etiam.

키르쿰스피케 에티암.

✖ **폴리페모스 Polyphemos**
그리스 신화에 나오는 외눈박이 거인. 포세이돈의 아들로, 오디세우스와 그 부하들을 동굴에 가두고 한 사람씩 잡아먹다가 오디세우스에게 눈을 찔려 맹인이 되었다.

243

Virtus efficiens est voluptatis.

비르투스 에피키엔스 에스트 볼룹타티스.

덕은 즐거움을 안겨 주는 것이다.

244

Per aspera ad astra.
페르 아스페라 아드 아스트라.

고난을 지나 별에 이른다.
(성공에 도달하려면 반드시 역경을 거쳐야 한다.)

Per aspera ad astra.

페르 아스페라 아드 아스트라.

✖ **키르케 Circe**
그리스 신화에 나오는 마녀. 헬리오스의 딸로, 인간에게 마주(魔酒)를 먹이고 요술 지팡이로 때려 돼지로 만들었다고 한다.

245

Sola virtus nemini datur dono.

솔라 비르투스 네미니 다투르 도노.

덕행만은 그 누구에게도 선물로 주어지지 않는다.

솔라 비르투스 네미니 다투르 도노.

✖ 세이렌 Seiren

그리스 신화에 나오는 바다의 요정. 여자의 얼굴과 새 모양을 한 괴물로, 이탈리아 근해에 나타나 아름다운 노랫소리로 뱃사람들을 홀려 죽게 했다고 한다.

246

Quid rides? motato nomine de te fabla narratur.

퀴드 리데스? 모타토 노미네 데 테 파블라
나라투르.

뭘 웃나? 이름만 바꾸면 당신의 이야기인데.

Quid rides? motato nomine de te fabla narratur.

퀴드 리데스? 모타토 노미네 데 테 파블라
나라투르.

247

Corvus oculum corvi non eruit.

코르부스 오쿨룸 코르비 논 에루이트.

까마귀는 까마귀의 눈을 쪼지 않는다.

(동족끼리는 해치지 않는다.)

Corvus oculum corvi non eruit.

코르부스 오쿨룸 코르비 논 에루이트.

248

Ut est rerum omnium magister usus.

우트 에스트 레룸 옴니움 마기스테르 우수스.

경험은 모든 것의 스승이다.

Ut est rerum omnium magister usus.

우트 에스트 레룸 옴니움 마기스테르 우수스.

✖ 칼립소 Calypso

그리스 신화에 나오는 요정. 오기기아섬에 살았는데 트로이 전쟁에서 돌아오다가 그곳에 표착한 오디세우스가 그녀의 청혼에도 불구하고 귀국할 의사를 밝히자 7년을 붙잡아 두었으나, 끝내는 제우스의 명에 따라서 보내 주게 되었다고 한다.

249 Parvum parva decent.

파르붐 파르바 데켄트.

소인에게는 사소한 일이 어울린다.

250 Mihi omnia contingant.

미히 옴니아 콘틴간트.

내 원하는 모든 것이 이루어지리라!

미히 옴니아 콘틴간트.

✖ **아이네이아스 Aeneias**
그리스 신화에 나오는 영웅. 안키세스와 아프로디테의 아들로, 트로이성이 함락되자 로마로 피신하여 그곳의 왕녀를 배필로 맞이하고, 사방에 세력을 확대하여 로마 건국의 기초를 쌓았다고 한다.

Victoria multorum sanguine constitit.

빅토리아 물토룸 산구이네 콘스티티트.

승리는 많은 사람의 피의 대가로 거둔 것이다.

252 Amicus vitae medicamentum.

아미쿠스 비타이 메디카멘툼.

벗은 인생의 치료약이다.

아미쿠스 비타이 메디카멘툼.

✖ **디도 Dido**
그리스 신화에 나오는 페니키아의 여왕. 카르타고를 건설하였다고 하며, 영웅 아이네이아스에게 실연당하여 자살하였다고 한다.

253 Eodem bibere poculo.

에오뎀 비베레 포쿨로.

같은 잔으로 마신다.
(고통을 함께 겪거나 같은 처지에 놓인 상태.)

Eodem bibere poculo.

에오뎀 비베레 포쿨로.

254 Nemini injuste facta conducunt.

네미니 인유스테 팍타 콘두쿤트.

불의한 일은 그 누구에게도 이롭지 못하다.

네미니 인유스테 팍타 콘두쿤트.

✣ **레아 Rhea**

그리스 신화에 나오는 대지(大地)의 여신. 남편인 크로노스가 아들에게 왕좌를 빼앗긴다는 예언을 두려워하여 아들을 낳는 대로 잡아먹기 때문에, 막내아들 제우스만은 감추어 두었다가 성장한 후에 왕좌를 잇게 하였다.

Quod non videt oculus, cor non dolet.

쿼드 논 비데트 오쿨루스, 코르 논 돌레트.

눈에 보이지 않으면, 마음도 아프지 않다.

Quod non videt oculus, cor non dolet.

쿼드 논 비데트 오쿨루스, 코르 논 돌레트.

256

Tardis mentibus virtus non facile comitatur.

타르디스 멘티부스 비르투스 논 파킬레 코미타투르.

무딘 정신에는 덕이 따르지 않는다.

Tardis mentibus virtus non facile comitatur.

타르디스 멘티부스 비르투스 논 파킬레 코미타투르.

✣ **오케아노스 Okeanos**
그리스 신화에 나오는 물의 신. 아내 테티스와의 사이에 온 세계의 모든 바다와 하천의 신이 되었던 3천 명의 아들과 바다나 하천, 샘의 요정이 된 3천 명의 딸을 낳았다.

Qui tacet consentire videtur.

퀴 타케트 콘센티레 비데투르.

침묵은 동의로 간주된다.

258 Maximum remedium irae est mora.

막시뭄 레메디움 이라이 에스트 모라.

분노를 치유하는 가장 좋은 처방은 시간이다.

막시뭄 레메디움 이라이 에스트 모라.

✖ **테미스 Themis**
그리스 신화에 나오는 정의의 여신. 우라노스의 딸이며 제우스의 두 번째 아내로, 예언술에 능하였으며 저울과 풍요의 뿔을 가지고 있다고 한다.

259

Homo homini lupus est.

호모 호미니 루푸스 에스트.

인간은 인간에게 늑대다.

Homo homini lupus est.

호모 호미니 루푸스 에스트.

260 Virtus repulsae nescia.

비르투스 레풀사이 네스키아.

진정한 용기는 패배를 모른다.

Virtus repulsae nescia.

비르투스 레풀사이 네스키아.

✖ 히페리온 Hyperion
그리스 신화에 나오는 티탄의 한 사람. 우라노스와 가이아의 아들로, 누이동생 티아를 아내로 삼아 태양신 헬리오스, 달의 여신 셀레네, 새벽의 여신 에오스의 아버지가 되었다.

261 Cotidie aliquid addiscens senex flo.

코티디에 알리퀴드 아디스켄스 세넥스 플로.

나는 날마다 무언가를 배우면서 노인이 되어 간다.

코티디에 알리퀴드 아디스켄스 세넥스 플로.

Omnia vincit amor.

옴니아 빈키트 아모르.

사랑은 모든 것을 극복한다.

옴니아 빈키트 아모르.

✖ **아레스 Ares**
그리스 신화에 나오는 군신(軍神). 제우스와 헤라의 아들로, 야만적인 전투를 좋아하며 언제나 그리스가 아닌 다른 민족의 편에 섰다고 한다. 주피터, 퀴리누스와 함께 나라의 세 주신(主神)을 이루며, 로마의 건국자 로물루스의 아버지라고도 한다. 로마 신화의 마르스에 해당한다.

263

Maioresque cadunt altis de montibus umbrae.

마이오레스쿠에 카둔트 알티스 데 몬티부스 움브라이.

높은 산은 더 긴 그림자를 드리운다.

Maioresque cadunt altis de montibus umbrae.

마이오레스쿠에 카둔트 알티스 데 몬티부스 움브라이.

264

Aqua profunda est quieta.

아쿠아 프로푼다 에스트 퀴에타.

깊은 물은 잔잔하다.

Aqua profunda est quieta.

아쿠아 프로푼다 에스트 퀴에타.

✱ **헤스티아 Hestia**
그리스 신화에 나오는 난로·불의 여신. 크로노스와 레아의 딸로 처녀신(處女神)이며, 가정생활과 행복을 관장한다. 로마 신화의 '베스타'에 해당한다.

265 Aquila non capit muscas.

아퀼라 논 카피트 무스카스.

독수리는 파리를 잡지 않는다.

Aquila non capit muscas.

아퀼라 논 카피트 무스카스.

✖ **베스타 Vesta**
로마 신화에 나오는 불의 여신. 그리스 신화의 헤스티아에 해당한다.

266 Assentatio, vitiorum adjutrix, procul amoveatur.

**아센타티오, 비티오룸 아드유트릭스,
프로쿨 아모베아투르.**

악습의 시종(侍從)인 아첨을 멀리하라.

아센타티오, 비티오룸 아드유트릭스,
프로쿨 아모베아투르.

267

Assidua stilla saxum excavat.

아시두아 스틸라 삭숨 엑스카바트.

꾸준히 떨어지는 물방울이 바위를 뚫는다.

아시두아 스틸라 삭숨 엑스카바트.

268

Aut inveniam viam aut faciam.

아우트 인베니암 비암 아우트 파키암.

나는 길을 발견하거나, 아니면 길을 내겠다.

Aut inveniam viam aut faciam.

아우트 인베니암 비암 아우트 파키암.

✖ **에우테르페 Euterpe**
그리스 신화에 나오는 무사(Mousa)의 하나. 음악과 서정시를 관장(管掌)하며, 쌍통으로 된 피리를 가지고 다닌다.

269

Si talis est deus, valeat.

시 탈리스 에스트 데우스, 발레아트.

이것이 신의 뜻이라면, 그대로 따르겠다.

Si talis est deus, valeat.

시 탈리스 에스트 데우스, 발레아트.

Malo mori quam foedari.

말로 모리 쾀 포이다리.

불명예보다는 죽음을 택하겠다.

Malo mori quam foedari.

말로 모리 쾀 포이다리.

✖ **우라니아 Urania**
그리스 신화에 나오는, 천문(天文)의 여신. 뮤즈 아홉 여신의 하나이다.

271 Veritatis simples est oratio.

베리타티스 심플레스 에스트 오라티오.

진실의 언어는 단순하다.

베리타티스 심플레스 에스트 오라티오.

272

Venit summa dies et ineluctabile tempus.

베니트 숨마 디에스 에트 이넬룩타빌레 템푸스.

최후의 날, 피할 수 없는 시간이 왔다.

Venit summa dies et ineluctabile tempus.

베니트 숨마 디에스 에트 이넬룩타빌레 템푸스.

✖ **아케론 Acheron**
그리스 신화에 나오는 강. 죽은 사람을 저승으로 인도하는 강으로, 죽은 사람에 대한 신탁(神託)이 여기에서 행하여졌다.

273

Vino vendibili suspensa hedera nihil opus.

비노 벤디빌리 수스펜사 헤데라 니힐 오푸스.

술이 좋으면 간판이 필요 없다.

274 Vere mumerare flores.

베레 무메라레 플로레스.

봄꽃을 세려 한다.

(불가능한 짓을 하려고 한다.)

Vere mumerare flores.

베레 무메라레 플로레스.

✖ **이리스 Iris**
그리스 신화에 나오는 무지개의 여신. 하늘과 땅을 연결하는 신들의 사자이다.

De omnibus dubitandum.

데 옴니부스 두비탄둠.

모든 것을 의심하라.

데 옴니부스 두비탄둠.

276

Factum fieri infectum non potest.

팍툼 피에리 인페크툼 논 포테스트.

한번 저지른 일은 되돌릴 수 없다.

Factum fieri infectum non potest.

팍툼 피에리 인페크툼 논 포테스트.

✱ **호라이 Horae**
그리스 신화에 나오는 계절의 여신들. 제우스와 테미스의 딸들로 기후를 감시하며 식물의 성장, 개화, 결실을 원활하게 한다.

Sollicitudo vexat impios.

솔리키투도 벡사트 임피오스.

불안은 못된 자들을 괴롭힌다.

278

Sequitur vara vibiam.

세퀴투르 바라 비비암.

불행은 저절로 생기지 않는다.

세퀴투르 바라 비비암.

✖ **네레우스 Nereus**
그리스 신화에 나오는 바다의 신. 특히 에게해의 신으로, 호메로스가 '바다의 노옹(老翁)'이라고 불렀다.

279 Eum ausculta cui quatuor sunt aures.

에움 아우스쿨타 퀴 콰투오르 순트 아우레스.

귀 네 개를 가진 사람에게 귀를 기울이라.

(말하기보다 듣는 것을 즐기는 사람의 말을 소중히 여기라.)

에움 아우스쿨타 퀴 콰투오르 순트 아우레스.

280

Beneficium accipere est libertatem vendere.

베네피키움 악키페레 에스트 리베르타템 벤데레.

신세를 지면, 자유를 잃게 된다.

Beneficium accipere est libertatem vendere.

베네피키움 악키페레 에스트 리베르타템 벤데레.

✱ 트리톤 Triton

그리스 신화에 나오는 바다의 신. 포세이돈의 아들로 상반신은 인간이고 하반신은 물고기 모양이며 큰 소라를 불어서 물결을 다스렸다고 한다.

281

In vino veritas.

인 비노 베리타스.

술에 진실이 있다.
(술을 마시면 사람의 진심이 나온다.)

In vino veritas.

인 비노 베리타스.

282

Nudo detrahere vestimenta.

누도 네트라헤레 베스티멘타.

발가벗은 사람에게서 옷을 벗긴다.

(불가능한 일을 한다.)

Nudo detrahere vestimenta.

누도 네트라헤레 베스티멘타.

✖ **프로테우스 Proteus**
그리스 신화에 나오는 바다의 신. 예언과 변신술에 능하였다고 한다.

283

Nihil est tam volucre quam maledictum.

니힐 에스트 탐 볼루크레 쾀 말레딕툼.

비방하는 말보다 더 빠른 것은 없다.

Nihil est tam volucre quam maledictum.

니힐 에스트 탐 볼루크레 쾀 말레딕툼.

284 Nihil novi sub sole.

니힐 노비 숩 솔레.

태양 아래 새로운 것은 없다.

Nihil novi sub sole.

니힐 노비 숩 솔레.

✖ **리베르 Liber**
고대 로마의 신. 생산과 풍년 또는 술의 신으로, 그리스 신화의 디오니소스와 동일시된다.

285

Malum vas non frangitur.

말룸 바스 논 프란기투르.

쓸모없는 그릇은 깨질 일도 없다.

Malum vas non frangitur.

말룸 바스 논 프란기투르.

✖ 판 Pan

그리스 신화에 나오는 목신(牧神). 상반신은 사람의 모습이고 다리와 꼬리는 염소 모양이며 이마에 뿔이 있다. 공황을 의미하는 패닉(panic)의 어원이 되었다.

286

Prudentiam, ut cetera auferat,
adfert certe senectus.

프루덴티암, 우트 케테라 아우페라트,
아드페르트 케르테 세넥투스.

노년기가 비록 다른 것은 앗아 간다고 해도, 분명 지혜만은 가져다준다.

Undique ad inferos tantumdem viae est.

운디쿠에 아드 인페로스 탄툼뎀 비아이 에스트.

모든 방면에서 오는 길은 지옥으로 향하는 길이다.
(누구나 추구하는 것, 가치 있게 여기는 것은 파멸로 이끌기 쉽다.)

Undique ad inferos tantumdem viae est.

운디쿠에 아드 인페로스 탄툼뎀 비아이 에스트.

✖ 카론 Charon
그리스 신화에 나오는 인물. 저승으로 가는 내의 나루터를 지키는 늙은 뱃사공으로, 스틱스와 아케론의 강을 건너 저승에 이르도록 한다.

288

Disce quasi semper victurus,
vive quasi cras moriturus.

디스케 쿼시 셈페르 빅투루스,
비베 쿼시 크라스 모리투루스.

영원히 살 것처럼 배우고, 내일 죽을 것처럼 살라.

Disce quasi semper victurus,
vive quasi cras moriturus.

디스케 쿼시 셈페르 빅투루스,
비베 쿼시 크라스 모리투루스.

289 Virtus ultro tributis est.

비르투스 울트로 트리부티스 에스트.

덕행은 받기보다 주기를 더 좋아한다.

Virtus ultro tributis est.

비르투스 울트로 트리부티스 에스트.

Ubi amici, ibi opes.

우비 아미키, 이비 오페스.

친구들이 있는 그곳에 부유함이 있다.

Ubi amici, ibi opes.

우비 아미키, 이비 오페스.

✖ **코레 Kore**

그리스 신화에 나오는 인물. 제우스와 데메테르의 딸로 지하(地下)의 여왕이라 이른다.

291 Trahit sua quemque voluptas.

트라히트 수아 쿠엠쿠에 볼룹타스.

누구든 자기 욕심에 이끌리기 마련이다.

Trahit sua quemque voluptas.

트라히트 수아 쿠엠쿠에 볼룹타스.

292 Crescit sub pondere virtus.

크레스키트 숩 폰데레 비르투스.

미덕은 역경 속에서 자란다.

Crescit sub pondere virtus.

크레스키트 숩 폰데레 비르투스.

✖ 헤카테 Hecate
그리스 신화에 나오는 여신. 달·대지·지하 등 세 여신이 한 몸이 된 신으로, 천상과 지상과 바다에서 위력을 떨치며 부와 행운을 가져다준다고 한다.

293

Sublata benevolentia amicitiae nomen tollitur.

수블라타 베네볼렌티아 아미키티아이 노멘 톨리투르.

호의가 사라지면 우정이라는 이름도 사라진다.

수블라타 베네볼렌티아 아미키티아이 노멘 톨리투르.

294 Thesaurus rerum omnium memoria.

테사우루스 레룸 옴니움 메모리아.

기억은 모든 지식의 창고이다.

테사우루스 레룸 옴니움 메모리아.

✖ **니케 Nice**
그리스 신화에 나오는 승리의 여신. 날개가 있고 종려의 가지와 방패, 월계관을 가졌다. 로마 신화의 빅토리아에 해당한다.

Tempus adamanta terit.

템푸스 아다만타 테리트.

시간은 다이아몬드조차 닳게 한다.

296 Age quod agis.

아게 쿼드 아기스.

지금 하는 일에 집중하라.

Age quod agis.

아게 쿼드 아기스.

✽ 레테 Lethe
그리스 신화에 나오는 사후 세계의 강. 죽은 사람의 혼이 그 물을 마시면 자기의 과거를 모두 잊어버린다고 한다.

297

Naturam expellas furca tamen usque recurret.

나투람 엑스펠라스 푸르카 타멘 우스쿠에 레쿠레트.

타고난 천성은 갈퀴로 긁어내도 다시 제자리로 돌아온다.

Naturam expellas furca tamen usque recurret.

나투람 엑스펠라스 푸르카 타멘 우스쿠에 레쿠레트.

298

Mors certa, hora incerta.

모르스 케르타, 호라 인케르타.

죽음은 분명하지만, 언제인지는 분명치 않다.

모르스 케르타, 호라 인케르타.

✖ **모모스 Momos**
그리스 신화에서 조롱·야유 따위를 의인화한 신.

299

Ficta omnia celeriter tamquam flosculi decidunt.

픽타 옴니아 켈레리테르 탐쾀 플로스쿨리 데키둔트.

모든 거짓된 것은 꽃송이처럼 쉽게 떨어진다.

Ficta omnia celeriter tamquam flosculi decidunt.

픽타 옴니아 켈레리테르 탐쾀 플로스쿨리 데키둔트.

300 Ex nihilo nihil fit.

엑스 니힐로 니힐 피트.

무(無)에서는 아무것도 생겨나지 않는다.

✖ **보레아스 Boreas**
그리스 신화에 나오는 북풍(北風)의 신.

301

Omnia mutantur, nihil interit.

옴니아 무탄투르, 니힐 인테리트.

모든 것은 변하지만, 아무것도 사라지지 않는다.

Omnia mutantur, nihil interit.

옴니아 무탄투르, 니힐 인테리트.

✖ 아테 Ate

그리스 신화에 나오는 유혹의 여신.

Aliis quia defit quod amant aegrest; tibi quia superest dolet.

알리스 퀴아 데피트 쿼드 아만트 아이그레스트;
티비 퀴아 수페레스트 돌레트.

다른 이들은 부족해서 괴로워하는데, 너는 너무 많아서 걱정이구나.

알리스 퀴아 데피트 쿼드 아만트 아이그레스트;
티비 퀴아 수페레스트 돌레트.

303

Cuivis potest accidere, quod cuiquam potest.

퀴비스 포테스트 악키데레, 쿼드 퀴쾀 포테스트.

누군가에게 일어난 일은 누구에게나 일어날 수 있다.

퀴비스 포테스트 악키데레, 쿼드 퀴쾀 포테스트.

304

Respublica nihil ad musicum.

레스푸블리카 니힐 아드 무시쿰.

아름다운 영혼에게 정치는 어울리지 않는다.

레스푸블리카 니힐 아드 무시쿰.

✖ 에리스 Eris
그리스 신화에 나오는 싸움의 여신. 황금의 사과를 던져서 트로이 전쟁의 간접적인 원인을 만들었다.

305

Sibi cuique carior sua ratio.

시비 퀴쿠에 카리오르 수아 라티오.

저마다 자기 이유가 더 낫다.

306

Cogito, ergo sum.

코기토, 에르고 숨.

나는 생각한다. 고로 존재한다.

✖ 에일레이투이아 Eileithuia
그리스 신화에 나오는 출산(出産)의 여신. 후대에 와서는 헤라, 아르테미스처럼 결혼·출산의 여신들과 동일시되었다.

307

Ego tu sum, tu es ego; unanimi sumus.

에고 투 숨, 투 에스 에고; 우나니미 수무스.

나는 너, 너는 나; 우리는 한마음.

Ego tu sum, tu es ego; unanimi sumus.

에고 투 숨, 투 에스 에고; 우나니미 수무스.

308

Subula leonem excipere.

수불라 레오넴 엑스키페레.

송곳을 가지고 사자를 기다린다.

(감당할 수 없는 수단으로는 위험에 대처할 수 없다.)

Subula leonem excipere.

수불라 레오넴 엑스키페레.

✖ **티케 Tyche**

그리스 신화에 나오는 행복과 운명의 여신. 로마 신화의 포르투나에 해당한다.

Fortuna vitrea est.

포르투나 비트레아 에스트.

행운은 유리로 만들어졌다.

310

Nondum omnium dierum sol occidit.
논둠 옴니움 디에룸 솔 옥키디트.

아직 모든 날의 해가 진 것은 아니다.

(세상의 종말이 온 것은 아니다.)

Nondum omnium dierum sol occidit.

논둠 옴니움 디에룸 솔 옥키디트.

✖ 하데스 Hades

그리스 신화에 나오는 명부(冥府)의 왕. 크로노스의 아들로 암흑의 마관(魔冠)을 쓰면 보이지 않으며, 풍요의 여신 데메테르의 딸 페르세포네를 꾀어 명부로 데려가 아내로 삼았다. 로마 신화의 플루톤에 해당한다.

311

Simul flare sorbereque haud facile est.

시물 플라레 소르베레쿠에 하우드 파킬레 에스트.

불면서 동시에 빨아들이는 것은 결코 쉽지 않다.

Simul flare sorbereque haud facile est.

시물 플라레 소르베레쿠에 하우드 파킬레 에스트.

312

Si nunc foret illa juventus!

시 눈크 포레트 일라 유벤투스!

지금이 그 청춘 시절이라면!

Si nunc foret illa juventus!

시 눈크 포레트 일라 유벤투스!

✖ 플루톤 Pluton

로마 신화에 나오는 명부(冥府)의 왕. 그리스 신화에 나오는 하데스에 해당한다.

313

Tacitis senescimus annis.

타키티스 세네스키무스 안니스.

우리도 모르는 사이에 나이를 먹고 늙는다.

Tacitis senescimus annis.

타키티스 세네스키무스 안니스.

✱ **헤르마프로디토스 Hermaphroditos**

그리스 신화에 나오는 양성(兩性)을 갖춘 신. 헤르메스와 아프로디테의 합성어이다.

314

Qui sibi semitam non sapiunt,
alteri monstrant viam.

**퀴 시비 세미탐 논 사피운트,
알테리 몬스트란트 비암.**

제 골목도 모르면서 남에게 길을 가르쳐 주려 한다.

Qui sibi semitam non sapiunt,
alteri monstrant viam.

퀴 시비 세미탐 논 사피운트,
알테리 몬스트란트 비암.

Ut sementem feceris, ita et metes.

우트 세멘템 페케리스, 이타 에트 메테스.

뿌린 대로 거두리라.

Ut sementem feceris, ita et metes.

우트 세멘템 페케리스, 이타 에트 메테스.

316

Non semper erunt Saturnalia.

논 셈페르 에룬트 사투르날리아.

날마다 명절일 수는 없다.

Non semper erunt Saturnalia.

논 셈페르 에룬트 사투르날리아.

✖ **히기에이아 Hygieia**
그리스 신화에 나오는 건강(健康)의 여신. 의술(醫術)의 신(神)인 아스클레피오스의 딸로, 최초의 간호사라고 한다.

Mens sana in corpore sano.

멘스 사나 인 코르포레 사노.

건전한 신체에 건전한 정신이 깃든다.

멘스 사나 인 코르포레 사노.

3
1
8

Alea iacta est.

알레아 이악타 에스트.

주사위는 던져졌다.

Alea iacta est.

알레아 이악타 에스트.

✖ 아스클레피오스 Asclepios

그리스 신화에 나오는 의술의 신. 아폴론의 아들로, 죽은 사람을 소생시키는 능력을 가졌다고 한다.

Excusatio non petita, accusatio manifesta.
엑스쿠사티오 논 페티타, 악쿠사티오 마니페스타.

묻지도 않은 변명은, 스스로에 대한 고발이다.
(묻지도 않았는데 변명하는 것은 자신의 잘못을 드러내는 것과 같다.)

엑스쿠사티오 논 페티타, 악쿠사티오 마니페스타.

✖ **데우칼리온 Deucalion**

그리스 신화에 나오는 프로메테우스의 아들. 제우스가 노하여 인류를 없애고자 보낸 대홍수에 아버지의 조언에 따라 네모난 배를 만들어 그의 아내 피르하와 단둘이 생존하였으며, 이들의 아들 헬렌이 헬렌족의 시조가 되었다고 한다.

320

Ut quisque est vir optimus, ita difficillime esse alios improbos suspicatur.

우트 퀴스쿠에 에스트 비르 옵티무스, 이타 디피킬리메 에세
알리오스 임프로보스 수스피카투르.

착한 사람일수록 타인을 악인으로 여기기는 매우 어렵다.

Ut quisque est vir optimus, ita difficillime esse alios improbos suspicatur.

우트 퀴스쿠에 에스트 비르 옵티무스, 이타 디피킬리메 에세
알리오스 임프로보스 수스피카투르.

321

Res plus valet quam verba.

레스 플루스 발레트 쾀 베르바.

실천은 말보다 힘이 세다.

Res plus valet quam verba.

레스 플루스 발레트 쾀 베르바.

Quanti est sapere!

콴티 에스트 사페레!

이해한다는 것은 얼마나 값진 일인가!

콴티 에스트 사페레!

✸ **아이올로스 Aeolos**
그리스 신화에 나오는 바람의 신. 여러 가지 바람을 자루에 담아 두었다가, 계절에 맞게 바람을 내보낸다고 한다.

323 Ex studiis gaudium provenit.

엑스 스투디스 가우디움 프로베니트.

노력으로부터 기쁨이 나온다.

엑스 스투디스 가우디움 프로베니트.

324

Ego mihi placui.
에고 미히 플라쿠이.

나는 스스로 대견했다.

Ego mihi placui.

에고 미히 플라쿠이.

✖ 히폴리투스 Hippolytus

그리스 신화에 나오는 영웅. 아테네 왕 테세우스의 아들로, 아버지의 후처 파이도라의 구애를 받았으나 거절하였으며, 파이도라는 이 사실을 거짓으로 꾸며 유언을 남기고 자살하였다. 뒤에 아버지의 저주를 받고 죽었다.

325

Nec quaerere nec spernere honorem.

네크 콰이레레 네크 스페르네레 호노렘.

명예는, 좇지도 멀리하지도 말라.

네크 콰이레레 네크 스페르네레 호노렘.

326 Ne Jupiter quidem omnibus placet.

네 유피테르 퀴뎀 옴니부스 플라케트.

주피터 신도 모든 이를 기쁘게 만족시키지는 못한다.
(모든 사람을 만족시키려 하거나, 모든 사람으로부터 찬사를 받으려 하지 말라.)

Ne Jupiter quidem omnibus placet.

네 유피테르 퀴뎀 옴니부스 플라케트.

✖ **님프 Nymph**

그리스 신화에 나오는 젊고 아름다운 여자 모습의 요정. 물·산야·수목과 같은 자연물에 깃들여 있다고 하는데, 자연물에 따라 그 이름이 다르다. 예를 들어 물의 요정은 오케아니데스, 산야의 요정은 오레아데스, 수목의 요정은 드리아데스라고 이른다.

327

Nemo enim est tam senex qui se annum non putet posse vivere.

네모 에님 에스트 탐 세넥스 퀴 세 안눔 논
푸테트 포세 비베레.

자신이 일 년도 채 못 살 거라고 믿는 노인은 단 한 명도 없다.

네모 에님 에스트 탐 세넥스 퀴 세 안눔 논
푸테트 포세 비베레.

Nemo mortalium omnibus horis sapit.

네모 모르탈리움 옴니부스 호리스 사피트.

늘 현명한 사람은 없다.

Nemo mortalium omnibus horis sapit.

네모 모르탈리움 옴니부스 호리스 사피트.

✖ **마이나데스 Maenades**

그리스 신화에서, 디오니소스에게 시종하는 여자들. 등나무를 엮어 솔방울을 단 지팡이를 휘두르면서 노래하고 춤춘다고 한다. 광란하는 여자들이라는 의미를 가진다.

Nemo non benignus est sui judex.

네모 논 베니그누스 에스트 수이 유덱스.

스스로에게 관대하지 않은 재판관은 없다.

네모 논 베니그누스 에스트 수이 유덱스.

330

Neque semper arcum tendit Apollo.

네쿠에 셈페르 아르쿰 텐디트 아폴로.

아폴로 신도 늘 활시위를 당기고 있는 것은 아니다.

(휴식이 필요하다.)

Neque semper arcum tendit Apollo.

네쿠에 셈페르 아르쿰 텐디트 아폴로.

✱ **시링크스 Syrinx**
그리스 신화에 나오는 님프. 자기를 짝사랑하는 목신(牧神) 판(Pan)에게 쫓겨 갈대로 변신한다.

331 Nihil dictum quod non prius dictum.

니힐 딕툼 쿼드 논 프리우스 딕툼.

운명은 자신이 준 것만을 빼앗아 간다.

332

Amat victoria curam.

아마트 빅토리아 쿠람.

승리는 조심을 사랑한다.

아마트 빅토리아 쿠람.

✱ **플레이아데스 Pleiades**
그리스 신화에 나오는 아틀라스의 일곱 딸. 알키오네, 켈라이노, 엘렉트라, 마이아, 메로페, 스테로페, 타이게테를 이른다. 오리온에게 쫓겨 하늘에 올라, 칠요성(七曜星)이 되었다고 한다.

333 Non decipitur qui scit se decipi.

논 데키피투르 퀴 스키트 세 데키피.

스스로 속는 것을 아는 이는 속지 않는다.

Non decipitur qui scit se decipi.

논 데키피투르 퀴 스키트 세 데키피.

334

Nemo sine amico felix.

네모 시네 아미코 펠릭스.

친구 없이는 누구도 행복할 수 없다.

Nemo sine amico felix.

네모 시네 아미코 펠릭스.

✖ **헤스페리데스 Hesperides**
그리스 신화에 나오는 여신들. 헤라가 제우스와 결혼할 때 가이아로부터 선물로 받은 황금 사과나무를 지킨다고 한다.

335

Non omni eundem calceum induces pedi.
논 옴니 에운뎀 칼케움 인두케스 페디.

모든 발에 같은 신발을 신기지 말라.
(모든 사람의 재능과 뜻을 하나로 모으려고 하지 말라.)

✖ **네메아의 사자 Nemea의 獅子**
그리스 신화에 나오는 불사신의 사자. 칼도 들어가지 않고 화살도 뚫을 수 없었으나, 헤라클레스가 몽둥이로 때린 후 목을 졸라 죽였다.

336

Nullus tantus quaestus, quam quod habes parcere.

눌루스 탄투스 콰이스투스 쾀 쿼드 하베스
파르케레.

자신이 가진 것을 아끼는 것보다 커다란 이익은 없다.

Nullus tantus quaestus, quam quod habes parcere.

눌루스 탄투스 콰이스투스 쾀 쿼드 하베스
파르케레.

Nunc tuum ferrum in igni est.

눈크 툼 페룸 인 이그니 에스트.

지금 너의 검은 불 속에서 달궈지고 있다.

(결단을 내려야 할 때이다.)

눈크 툼 페룸 인 이그니 에스트.

Omne initium difficile est.

옴네 이니티움 디피킬레 에스트.

모든 출발은 힘겹다.

(시작이 반이다.)

옴네 이니티움 디피킬레 에스트.

✖ **탈로스 Talos**

그리스 신화에서, 크레타섬을 지키는 괴물. 하루 세 번 섬을 돌면서 가까이 오는 자에게는 돌을 던지거나, 자신의 몸을 빨갛게 달구어 껴안아 죽였다. 제우스가 크레타섬의 왕 미노스에게 청동으로 만들어 주었다고 한다.

339

Poma ex arboribus, cruda si sunt,
vix evelluntur.

**포마 엑스 아르보리부스, 크루다 시 순트,
빅스 에벨룬투르.**

익지 않은 과일은 나뭇가지에서 쉬이 떨어지지 않는다.

(세상일은 때가 되어야 비로소 결실을 맺기 마련이다.)

Poma ex arboribus, cruda si sunt,
vix evelluntur.

포마 엑스 아르보리부스, 크루다 시 순트,
빅스 에벨룬투르.

340

Quamquam longissimus dies cito conditur.

쾀쾀 롱기시무스 디에스 키토 콘디투르.

아무리 날이 길다 해도 이내 저물고 만다.

쾀쾀 롱기시무스 디에스 키토 콘디투르.

✖ **탈로스 Talos**
그리스 신화에 나오는 발명가. 숙부인 다이달로스의 질투 때문에 죽었다.

341

Quicumque voluerit in vobis primus esse erit omnium servus.

퀴쿰쿠에 볼루에리트 인 보비스 프리무스 에세 에리트
옴니움 세르부스.

너희 가운데 으뜸이 되고자 하는 이는 모든 이의 종이 되어야 한다.

퀴쿰쿠에 볼루에리트 인 보비스 프리무스 에세 에리트
옴니움 세르부스.

342 Qui e nuce nucleum esse vult, frangat nucem.

퀴 에 누케 누클레움 에세 불트, 프란가트 누켐.

호두를 먹고자 한다면, 우선 호두 껍데기를 깨야 한다.

Qui e nuce nucleum esse vult, frangat nucem.

퀴 에 누케 누클레움 에세 불트, 프란가트 누켐.

✖ 히드라 Hydra

그리스 신화에 나오는 뱀. 머리가 100개, 50개, 9개인 것으로 알려졌으며 머리 하나를 자르면 그 자리에 새로 머리 두 개가 생긴다는 괴물로, 헤라클레스가 이를 죽였다고 한다.

343

Quid autem vides festucam in oculo fratirs tui et trabem in oculo tuo non vides?

퀴드 아우템 비데스 페스투캄 인 오쿨로 프라티르스 투이
에트 트라벰 인 오쿨로 투오 논 비데스?

어찌하여 너는 형제의 눈 속에 있는 티끌은 보면서, 네 눈 속의 들보는 깨닫지 못하느냐?

퀴드 아우템 비데스 페스투캄 인 오쿨로 프라티르스 투이
에트 트라벰 인 오쿨로 투오 논 비데스?

344

Rumor agitatis pervolat alis.

루모르 아기타티스 페르볼라트 알리스.

소문은 날개 돋친 듯 빨리 퍼져 나간다.

Rumor agitatis pervolat alis.

루모르 아기타티스 페르볼라트 알리스.

✖ 케이론 Cheiron

그리스 신화에 나오는 켄타우로스족 가운데 가장 현명한 인물. 의술, 음악, 무술에 뛰어난 재능을 보였으며 아스클레피오스, 아킬레스와 같은 많은 영웅들을 산에서 길렀다고 한다.

345 **Dicere nemo potest, nisi qui intelligit.**

디케레 네모 포테스트, 니시 퀴 인텔리기트.

알아듣는 사람만이 말할 수 있다.

346

Emas, quod necesse est.

에마스, 쿼드 네케세 에스트.

꼭 필요한 것만 구입하라.

Emas, quod necesse est.

에마스, 쿼드 네케세 에스트.

✖ 프로크루스테스 Procrustes

그리스 신화에 나오는 악당으로, 자신의 집에 들어온 손님을 침대에 눕힌 후 침대보다 키가 크면 다리나 머리를 자르고, 작으면 사지를 잡아 늘여서 죽였다. 테세우스에게 똑같은 방식으로 머리가 잘려 죽었다.

Adversis major, par secundis.

아드베르시스 마요르, 파르 세쿤디스.

역경에서는 위대하게, 순경에서는 분수에 어울리게.

아드베르시스 마요르, 파르 세쿤디스.

348

Adde parum parvo, magnus acervus erit.

아데 파룸 파르보, 마그누스 아케르부스 에리트.

작은 것에 작은 것을 더하고 또 더하라.

(티끌 모아 태산)

Adde parum parvo, magnus acervus erit.

아데 파룸 파르보, 마그누스 아케르부스 에리트.

✤ 아이아스 Aeas
그리스 신화에 나오는 트로이 전쟁 때의 영웅. 살라미스의 왕으로 텔라몬의 아들이며, 아킬레우스의 투구가 오디세우스에게 전하여지는 것을 보고 분하여 자살하였다.

349

Quod cito acquiritur, cito perit.

쿼드 키토 악퀴리투르, 키토 페리트.

빨리 배우는 것은 빨리 사라진다.

Quod cito acquiritur, cito perit.

쿼드 키토 악퀴리투르, 키토 페리트.

350

Quod nimis miseri volunt, hoc facile credunt.

쿼드 니미스 미세리 볼룬트, 호크 파킬레 크레둔트.

불쌍한 사람들은 자신이 원하는 것을 너무 쉽게 믿는다.
(어려운 처지에 놓이면, 자신에게 이로운 것을 쉽게 받아들인다.)

쿼드 니미스 미세리 볼룬트, 호크 파킬레 크레둔트.

✖ 에우리디케 Eurydike
그리스 신화에 나오는 물의 님프이자 전설적인 리라의 명수 오르페우스의 아내이다. 그 외에도 여러 명의 에우리디케가 있다.

351

Contentum suis rebus esse maximae sunt divitiae.

**콘텐툼 수이스 레부스 에세 막시마이 순트
디비티아이.**

자기 것으로 만족하는 것이야말로 가장 큰 재산이다.

**콘텐툼 수이스 레부스 에세 막시마이 순트
디비티아이.**

352

Saxum volutum non abducitur musco.

삭숨 볼루툼 논 아브두키투르 무스코.

구르는 돌에는 이끼가 끼지 않는다.

Saxum volutum non abducitur musco.

삭숨 볼루툼 논 아브두키투르 무스코.

✖ 타르타로스 Tartaros
그리스 신화에 나오는 신. 아이테르와 가이아 사이의 아들로, 뒤에 어머니와 관계를 맺어 괴물 에키드나의 아버지가 되었다고 한다. 일반적으로 지하 암흑계의 가장 밑에 있는 나락(奈落)을 의미한다.

353 Si vis amari, ama.

시 비스 아마리, 아마.

사랑받고 싶으면 사랑하라.

시 비스 아마리, 아마.

Si vis pacem, para bellum.

시 비스 파켐, 파라 벨룸.

평화를 원한다면, 전쟁을 준비하라.

Si vis pacem, para bellum.

시 비스 파켐, 파라 벨룸.

✖ **헤메라 Hemera**

그리스 신화에 나오는 낮의 신.

355

Successus improborum plures allicit.

숙케수스 임프로보룸 플루레스 알리키트.

악인들의 성공은 많은 사람을 유혹에 빠뜨린다.

356

De mortuis nil nisi bonum.

데 모르투이스 닐 니시 보눔.

죽은 자에 대해서는 좋은 말만 하라.

데 모르투이스 닐 니시 보눔.

✱ **닉스 Nyx**
그리스 신화에 나오는 밤의 여신.

357

Una hirundo non facit ver.

우나 히룬도 논 파키트 베르.

한 마리의 제비가 봄을 가져오지 않는다.

Una hirundo non facit ver.

한 마리의 제비가 봄을 가져오지 않는다.

✖ 타나토스 Thanatos

그리스 신화에서 죽음을 의인화한 신.

358

Amicitia semper prodest,
amor aliquando etiam nocet.

**아미키티아 셈페르 프로데스트,
아모르 알리콴도 에티암 노케트.**

우정은 늘 이롭지만, 사랑은 때로 해를 끼친다.

# Fortitudine vincimus.

포르티투디네 빈키무스.

우리는 인내로 승리한다.

Fortitudine vincimus.

포르티투디네 빈키무스.

✷ **디오네 Dione**

그리스 신화에 나오는 제우스의 연인으로, 이름은 '신의 여왕'이라는 뜻이며, 제우스의 여성형이기도 하다. 하늘의 신 우라노스와 땅의 여신 가이아 사이에서 태어난 딸이라고도 하고, 티탄 신족인 오케아노스와 테티스 사이에서 태어난 딸들을 가리키는 오케아니데스 가운데 하나라고도 한다.

360

Vae vobis divitibus, quia habetis consolationem vestram.

바이 보비스 디비티부스, 퀴아 하베티스 콘솔라티오넴 베스트람.

부유한 이들이여, 너희들은 불행하다. 너희들은 받을 위로를 이미 다 받았음이다.

바이 보비스 디비티부스, 퀴아 하베티스 콘솔라티오넴 베스트람.

361 Veni, vidi, vici.

베니, 비디, 비키.

왔노라, 보았노라, 이겼노라.

베니, 비디, 비키.

Amare et sapere vix deo conceditur.

아마레 에트 사페레 빅스 데오 콘케디투르.

사랑스러우면서 동시에 지혜로운 품성은 신에게도 허락되기 어려운 것이다.

아마레 에트 사페레 빅스 데오 콘케디투르.

✖ **메티스 Metis**
대양(大洋)신 오케아노스와 그 여동생인 테티스 사이에 난 딸로, 주신(主神) 제우스의 첫 번째 아내이다.

363

Animi labes nec diuturnitate vanescere mec amnibus ullis elui potest.

아니미 라베스 네크 디우투르니타테 바네스케레 메크
암니부스 울리스 엘루이 포테스트.

마음의 죄는 아무리 오래되어도 사라지지 않고, 거친 강물에도 씻겨 나가지 않는다.

아니미 라베스 네크 디우투르니타테 바네스케레 메크
암니부스 울리스 엘루이 포테스트.

364

Villius argentum est auro, virtutibus aurum.

빌리우스 아르겐툼 에스트 아우로, 비르투티부스 아우룸.

은은 금만 못하고, 금은 덕(德)만 못하다.

빌리우스 아르겐툼 에스트 아우로, 비르투티부스 아우룸.

✖ **안드로마케 Andromache**
그리스 신화에 나오는 테베 왕의 딸이며 트로이 왕자의 아내. 트로이 전쟁에서 남편이 죽자 적장 네오프톨레모스의 노예가 되었다.

365

Vita brevis, ars longa.

비타 브레비스, 아르스 롱가.

인생은 짧고 예술은 길다.

비타 브레비스, 아르스 롱가.

✖ **셀레네 Selene**

그리스 신화에 나오는 달의 여신으로, 그리스어로 달이라는 뜻이며, 라틴어로는 루나(Luna)이다. 미소년 엔디미온을 사랑하여 제우스에게 엔디미온이 젊음과 아름다움을 영원히 간직할 수 있도록 잠에 빠지게 해달라고 청했다. 이에 제우스는 그 소원을 들어주었고, 셀레네는 잠자는 엔디미온과의 사이에 50명의 딸을 낳았다.

찾아보기

가니메데스(Ganymedes) 177
가이아(Gaea) 17
갈라테이아(Galateia) 235
고르고네스(Gorgones) 131
나르키소스(Narcissos) 119
네레우스(Nereus) 285
네메시스(Nemesis) 123
네메아의 사자(Nemea의 獅子) 342
넵투누스(Neptunus) 151
니케(Nice) 301
닉스(Nyx) 363
님프(Nymph) 333
다나에(Danae) 137
다이달로스(Daedalos) 185
다프네(Daphne) 39
데메테르(Demeter) 93
데우칼리온(Deucalion) 326
데이아네이라(Dēianeira) 105
디도(Dido) 259

디아나(Diana) 57
디오네(Dione) 366
디오니소스(Dionysos) 75
레아(Rhea) 261
레테(Lethe) 303
레토(Leto) 33
리베르(Liber) 291
마이나데스(Maenades) 335
메데이아(Medeia) 165
메두사(Medusa) 133
메르쿠리우스(Mercurius) 89
메티스(Mētis) 369
멜람푸스(Melampus) 223
멜레아그로스(Meleagros) 169
모모스(Momos) 305
무세이온(Museion) 221
미네르바(Minerva) 129
미노스(Minos) 183
미노타우로스(Minotauros) 181

373

미다스(Midas) 73
바실레이아(Basileia) 371
바쿠스(Bacchus) 83
베누스(Venus) 51
베스타(Vesta) 272
벨레로폰(Bellerophon) 157
보레아스(Boreas) 307
불카누스(Vulcanus) 47
사투르누스(Saturnus) 53
사티로스(satyros) 103
세멜레(Semele) 77
세이렌(Seiren) 253
셀레네(Selene) 372
스킬라(Scylla) 97
스핑크스(Sphinx) 152
시링크스(Syrinx) 337
아가멤논(Agamemnon) 237
아도니스(Adonis) 109
아드메토스(Admētos) 201
아레스(Ares) 269
아르고스(Argos) 101
아르카스(Arcas) 65
아르테미스(Artemis) 35
아리아드네(Ariadne) 193
아모르(Amor) 45

아스클레피오스(Asclēpios) 325
아우로라(Aurora) 231
아이기스토스(Aegisthos) 243
아이네이아스(Aeneias) 257
아이아스(Aeas) 355
아이올로스(Aeolos) 329
아케론(Acherōn) 279
아킬레우스(Achilleus) 197
아탈란타(Atalanta) 171
아테(Ate) 309
아테나(Athena) 125
아테네(Athēnē) 127
아틀라스(Atlas) 141
아폴론(Apollon) 31
아프로디테(Aphrodite) 27
악타이온(Actaeon) 67
안드로마케(Andromache) 371
안드로메다(Andromeda) 143
안티고네(Antigone) 209
알케스티스(Alcestis) 199
에로스(Eros) 41
에리니에스(Erinyes) 195
에리스(Eris) 311
에오스(Eos) 229
에우로페(Europe) 80

에우리디케(Eurydike) 357
에우리알레(Euryale) 139
에우테르페(Euterpe) 275
에일레이투이아(Eileithuia) 313
에코(Echo) 121
엔디미온(Endymion) 225
엘렉트라(Electra) 245
오디세우스(Odysseus) 217
오레스테스(Orestes) 239
오르페우스(Orpheus) 219
오리온(Orion) 227
오이디푸스(Oedipus) 211
오케아노스(Okeanos) 263
우라노스(Ouranos) 14
우라니아(Urania) 277
유노(Juno) 59
유벤타스(Juventas) 175
유피테르(Jupiter) 49
이리스(Iris) 281
이아손(Iason) 167
이오(Iō) 61
이오카스테(Iocaste) 212
이카로스(Icaros) 187
제우스(Zeus) 25
제피로스(Zephyros) 113

카드모스(Cadmos) 79
카론(Charon) 295
카스토르(Castor) 189
카시오페이아(Cassiopeia) 147
카오스(chaos) 21
칼리스토(Callisto) 63
칼립소(Calypso) 255
케레스(Ceres) 95
케이론(Cheiron) 351
케페우스(Cepheus) 145
켄타우로스(Centauros) 161
켄타우루스(Centaurus) 163
코레(Kore) 297
큐피드(Cupid) 43
크로노스(Cronos) 23
클리타임네스트라(Clytaemnestra) 241
키르케(Circe) 251
키마이라(Chimaera) 158
키클롭스(Cyclops) 247
타나토스(Thanatos) 365
타르타로스(Tartaros) 359
탈로스(Talos) 345
탈로스(Talos) 347
테미스(Themis) 265
테세우스(Theseus) 179

테티스(Téthys) 207
테티스(Thétis) 205
텔루스(Tellus) 55
트리톤(Triton) 287
티케(Tyche) 315
티탄(Titan) 19
티토노스(Tithonos) 233
파에톤(Phaëthon) 69
판(Pan) 292
판도라(Pandora) 10
페가수스(Pegasus) 155
페넬로페(Penelope) 215
페르세우스(Perseus) 135
페르세포네(Persephone) 91
펜테우스(Pentheus) 29
펠레우스(Peleus) 202
포세이돈(Poseidon) 149
폴리데우케스(Polydeuces) 191
폴리페모스(Polyphemos) 249
프로메테우스(Prometheus) 8
프로크루스테스(Procrustes) 353
프로테우스(Proteus) 289
프시케(Psyche) 117
플레이아데스(Pleiades) 339
플로라(Flora) 115

플루톤(Pluton) 319
피그말리온(Pygmalion) 107
필레몬(Philemon) 85
하데스(Hades) 317
헤라(Hera) 37
헤라클레스(Heracles) 99
헤르마프로디토스(Hermaphroditos) 320
헤르메스(Hermes) 87
헤메라(Hemera) 361
헤베(Hebe) 173
헤스티아(Hestia) 271
헤스페리데스(Hesperides) 341
헤카테(Hecate) 299
헤파이스토스(Hephaestos) 12
헬리오스(Helios) 71
호라이(Horae) 283
히기에이아(Hygieia) 323
히드라(Hydra) 349
히아킨토스(Hyakinthos) 111
히페리온(Hyperion) 267
히폴리투스(Hippolytus) 331